T0209478

essentials

essentials liefern aktuelles Wissen in konzentrierter Form. Die Essenz dessen, worauf es als „State-of-the-Art" in der gegenwärtigen Fachdiskussion oder in der Praxis ankommt. *essentials* informieren schnell, unkompliziert und verständlich

- als Einführung in ein aktuelles Thema aus Ihrem Fachgebiet
- als Einstieg in ein für Sie noch unbekanntes Themenfeld
- als Einblick, um zum Thema mitreden zu können

Die Bücher in elektronischer und gedruckter Form bringen das Fachwissen von Springerautor*innen kompakt zur Darstellung. Sie sind besonders für die Nutzung als eBook auf Tablet-PCs, eBook-Readern und Smartphones geeignet. *essentials* sind Wissensbausteine aus den Wirtschafts-, Sozial- und Geisteswissenschaften, aus Technik und Naturwissenschaften sowie aus Medizin, Psychologie und Gesundheitsberufen. Von renommierten Autor*innen aller Springer-Verlagsmarken.

Weitere Bände in der Reihe http://www.springer.com/series/13088

Ludwig Hierl · Kilian Köppen

Financial Fairplay im Profifußball

Springer Gabler

Ludwig Hierl
DHBW Heilbronn
Heilbronn, Deutschland

Kilian Köppen
München, Deutschland

ISSN 2197-6708 ISSN 2197-6716 (electronic)
essentials
ISBN 978-3-658-35621-7 ISBN 978-3-658-35622-4 (eBook)
https://doi.org/10.1007/978-3-658-35622-4

Die Deutsche Nationalbibliothek verzeichnet diese Publikation in der Deutschen Nationalbibliografie; detaillierte bibliografische Daten sind im Internet über http://dnb.d-nb.de abrufbar.

Planung/Lektorat: Catarina Gomes de Almeida
Springer Gabler ist ein Imprint der eingetragenen Gesellschaft Springer Fachmedien Wiesbaden GmbH und ist ein Teil von Springer Nature.
Die Anschrift der Gesellschaft ist: Abraham-Lincoln-Str. 46, 65189 Wiesbaden, Germany

Was Sie in diesem *essential* finden können

- Hintergründe zur Einführung des sog. Financial Fairplay
- Details zur Ausgestaltung und Entwicklung der entsprechenden UEFA-Regularien
- Beispiele für die (Nicht-)Sanktionierung von Verstößen
- Limitationen des Regelwerks und Ansätze zur Reformierung

Vorwort

Die Welt verändert sich fortwährend. Einzelne Ereignisse wie beispielsweise die sog. Corona-Pandemie beeinflussen lediglich das Ausmaß, die Richtung und die Umsetzungsgeschwindigkeit von erforderlichen Anpassungen. Welche Reformoptionen sich letztlich (temporär) durchsetzen, ist gerade im Fußball-Business abhängig von situativen Einflussfaktoren und Rahmenbedingungen im Zusammenspiel von Geld, Macht und Fans.

Die Beurteilung, ob eine Reform als „vorteilhaft" oder als „misslungen" zu werten ist, unterliegt zumeist subjektiven Bewertungskriterien. Problematisch ist zum einen, dass sich den Bewertenden nicht immer alle Wirkungszusammenhänge erschließen. Zum anderen sind Meinungen beeinflussbar. So kann beispielsweise die (suggestive) Attestierung einer krisenhaften Ausgangssituation in Verbindung mit der Darstellung einer (vermeintlichen) Alternativlosigkeit dabei helfen, die Akzeptanz von Änderungen bei betroffenen Interessengruppen zu fördern. Die am 19.04.2021 beschlossene Änderung des Champions League-Modus beispielsweise wäre wohl in der Öffentlichkeit anders wahrgenommen und diskutiert worden, wenn am 18.04.2021 nicht eine „Super League" von zwölf renommierten Fußballklubs angekündigt worden wäre.

Im Rahmen dieses Werks werden zunächst die Financial Fairplay-Regularien der UEFA in ihrer Ausgestaltung und Anwendung dargestellt. Mängel sind nicht erst seit den Sportgerichtshof-Urteilen gegen beziehungsweise für Manchester City und Paris Saint Germain offensichtlich. Von einer Überarbeitung bis hin zur Abschaffung werden zahlreiche Optionen zur Reformierung diskutiert, auch aufseiten der UEFA. Wobei viele Ansätze, wie beispielsweise die Deckelung von Spielergehältern („Salary Caps") oder Ablösesummen keinesfalls neu sind. Neu ist allerdings, dass sich die Einschätzung, ob hiermit gegen europäisches Recht verstoßen werden würde, verändert hat.

Bedanken möchte ich mich an dieser Stelle für die Geduld des Verlags sowie meines Co-Autors Kilian Köppen, dessen Beitragsentwurf bereits seit längerer Zeit vorliegt.

Allen Leserinnen und Lesern wünschen wir eine gleichsam informative wie unterhaltsame Lektüre.

Heilbronn   Ludwig Hierl
im April 2021

Inhaltsverzeichnis

Einleitung 1

Das Fußball-Business scheint in Deutschland und in Europa (weiterhin) eine Sonderrolle einzunehmen, auch wenn dies viele Verantwortliche in der Öffentlichkeit bestreiten. Während hierzulande andere Sportbereiche Mitte Mai 2020 noch im Corona-Lockdown verharren mussten, nahm die Bundesliga ihren Spielbetrieb wieder auf, allerdings zumindest ohne gesundheitliche Gefährdung von Fans (sog. „Geisterspiele"). Und dass die Fußball-Europameisterschaft im Juni 2021 vor Fans stattfinden kann, sollten die hierfür jeweils (politisch) Zuständigen der über weite Teile Europas verstreuten Austragungsorte der UEFA bereits im Frühjahr 2021 inmitten deutlich steigender Inzidenzwerte garantieren. Mit beiden Entscheidungen war die Mehrheit der Fans laut Umfragen (zunächst) nicht einverstanden (vgl. Tagesschau 2020 sowie Sport1 2021).

Die Wiederaufnahme des Spielbetriebs gelang letztlich in allen großen europäischen Profifußball-Ligen, dennoch scheint die Corona-Krise für den Fußball enorme finanzielle Herausforderungen zu bedingen. Die Lösung besteht für einige Klubverantwortliche darin, (drohende) Verluste bilanziell durch bestehende oder neue Investoren auszugleichen. Regelungen wie auf europäischer Ebene das Financial Fairplay-Regelwerk oder in Deutschland die 50+1-Regel werden hierfür als Hemmnis erachtet und sollten daher nach deren Sicht angepasst oder gleich ganz abgeschafft werden. Erfolgswirksame Lösungsoptionen priorisieren überwiegend die Erschließung von weiteren Einnahmequellen. Die Überlegungen von zwölf international renommierten Fußballklubs zur Errichtung einer eigenen Super League sind in diesem Zusammenhang wohl nur die Spitze des Eisbergs. Diese Pläne wurden überraschend schnell innerhalb weniger Tage nach der offiziellen Verkündung wieder (vorläufig) beendet. Vielleicht auch deshalb, weil die UEFA eine finanziell noch bessere „Megaofferte" erhalten hat (vgl. WDR 2021, Minute 20:25).

Aber hat der Profifußball tatsächlich ein Einnahmenproblem? Betrachten wir hierzu zunächst die Bundesliga. Bei einer Aufbereitung der von der DFL veröffentlichten Wirtschaftsreports (vgl. DFL 2021) fällt auf, dass sich die summierten Umsatzerlöse der 18 Erstligisten innerhalb von zehn Jahren von 1,77 Mrd. € (Saison 2009/2010) auf 4,02 Mrd. € (Saison 2018/2019) weit mehr als verdoppelt haben. Die Abhängigkeit von den Spielbetriebserlösen ist in diesem Zeitraum von 21,43 % an den Gesamterlösen (2009/2010) auf 12,94 % (2018/2019) gesunken. Spiele ohne Zuschauer*innen können sich allerdings auch negativ auf andere Einnahmenbereiche auswirken, wie z. B. Erlöse aus dem Verkauf von Fanartikeln (Merchandising), Erlöse aus Bandenwerbung oder Erlöse aus medialer Rechtverwertung. Eventuell können diese Umsatzerlösrückgänge insbesondere durch mehr Disziplin bei den Spielergehältern (2008/2009: 750 Mio. €, 2018/2019: 1431 Mio. €) sowie bei den Transferausgaben (2008/2009: 283 Mio. €, 2018/2019: 842 Mio. €) aufgefangen werden. Weil Fußballklubs nicht unbedingt ein Gewinn-, sondern eher ein Titelerreichungsziel haben, werden gerade diese beiden Ausgabepositionen in guten Zeiten tendenziell (deutlich) erhöht. In schlechten Zeiten ergibt sich beim Personalaufwand eine typische Fixkostenremanenz, das heißt diese Ausgabenposition bleibt konstant hoch und kann normalerweise nicht variabel an diese Situation angepasst (verringert) werden. Einigen Klubs gelang dies während der Corona-Pandemie trotzdem, indem sie ihre teuersten Angestellten von einer freiwilligen Gehaltsreduktion überzeugen konnten. Eine erfolgsneutrale Möglichkeit, einen hinreichenden Bestand an liquiden Finanzmitteln (Geld) sicherzustellen und damit eine Insolvenzbeantragung zu vermeiden, besteht darin, (weitere) Investoren im Zuge einer Kapitalerhöhung zu beteiligen. Die Erstligisten konnten nicht zuletzt durch solche Maßnahmen ihr Eigenkapital von 534 Mio. € (per 30.06.2010) auf 1812 Mio. € (per 30.06.2019) erhöhen. Inwiefern Ausgabenbegrenzungen oder Eigenkapitalzuführungen im UEFA-Reglement zur Klublizenzierung und zum finanziellen Fairplay (fortan als FFP-Regularien bezeichnet) vorgesehen sind oder nicht mit diesen vereinbar sind, wird noch zu untersuchen sein.

Aufgrund von teilweise sehr hohen Schulden und enormen finanziellen Herausforderungen bei Fußballklubs erkannten die Verantwortlichen des europäischen Lizenzfußballs Handlungsbedarf. Zum Start der Fußballsaison 2010/2011 trat das neugeschaffene UEFA-Klub-Monitoring im Grundsatz in Kraft. Erstmals angewandt wurden diese FFP-Regularien in der Spielzeit 2014/2015. Sie ergänzten bereits bestehende Vorschriften zur sportlichen, infrastrukturellen, personellen und administrativen, rechtlichen sowie finanziellen Konstitution der Klubs im europäischen Lizenzfußball um weitere finanzielle Kriterien. Diese Vorschriften stellen dabei keine gesetzliche Regulierung eines

Nationalstaates oder der Europäischen Union dar. Sie entfalten ihre Verbindlichkeit vielmehr aus einer privatrechtlichen Verbindung zwischen der Union of European Football Associations (UEFA) und den Klubs, die an den europäischen Klubwettbewerben UEFA Europa League oder UEFA Champions League teilnehmen möchten.

Dieses Essential erläutert zunächst Hintergründe, die zur Einführung der FFP-Regularien beigetragen haben. Neben dem FFP-Regelwerk und einigen ausgewählten Anpassungen im Zeitverlauf wird auch die organisatorische Aufgabenverteilung innerhalb der UEFA-Finanzkontrollkammer für Klubs (FKKK) dargestellt, die als Überwachungsorgan etwaige Regelverstöße prüfen und sanktionieren soll. Bei der Untersuchung der geahndeten Verstöße ist augenscheinlich (zumindest soweit bekannt, eine Transparenz- beziehungsweise Publizitätspflicht der UEFA besteht diesbezüglich leider nicht), dass bis heute überwiegend kleinere Klubs von Strafmaßnahmen betroffen sind. Die wenigen sanktionierten Großklubs wie Manchester City, Paris Saint Germain und AC Mailand werden gesondert betrachtet. Nicht zuletzt an diesen Beispielen werden die Limitationen des FFP-Regelwerks deutlich. Abschließend werden die teilweise seit Jahren kontrovers diskutierten Ansätze zur Reformierung in Thesenform aufbereitet.

Organisationsstruktur des europäischen Lizenzfußballs

Ein Reglement wie das FFP ist Teil einer umfassenden Selbstverwaltung des organisierten Sportbetriebs, auf deren Anspruch sich nationale und internationale Dachsportverbände berufen, um einheitliche und gleiche Rahmenbedingungen für den Sport entwickeln zu können. „Sportverbände fungieren als zentrale Regelungsinstanzen des organisierten Sport- und vor allem Wettkampfbetriebs, sowie als Interessenvertretungen des Sports gegenüber allen gesellschaftlichen Partnern – vor allem gegenüber Politik, Wirtschaft und Massenmedien" (Fahrner 2012, S. 51).

Diesbezüglich folgt **der organisierte Fußballsport** in seiner globalen Verbandsstruktur einer pyramidalen monopolistischen Ordnung (vgl. Hierl/Weiß 2015, S. 6). An dessen Spitze steht die Fédération Internationale de Football Association (FIFA) als global übergreifender Fußball-Dachverband. **Die UEFA** wiederum stellt eine (von insgesamt sechs) durch die FIFA anerkannte Konföderation dar, welche die jeweiligen nationalen Fußball-Dachverbände eines Kontinents zusammenschließt, bei der UEFA sind es die aus Europa. Sie stehen hierarchisch direkt unter der FIFA und binden sich gemäß deren Statuten (vgl. FIFA 2019, Art. 22 Nr. 3a) an die Einhaltung und Durchsetzung der Statuten, Reglemente und Entscheide der FIFA. Darüberhinausgehende Beziehungen zur FIFA regelt die UEFA laut ihren Statuten (vgl. UEFA 2021c, Art. 3 Nr. 2) mithilfe vertraglicher Vereinbarungen. Analog zur FIFA ist auch die UEFA im Handelsregister als **nicht-wirtschaftlicher Verein** im Sinne des Zweiten Abschnitts des Schweizerischen Zivilgesetzbuches eingetragen (vgl. ZGB 2021, Art. 60–79). Ihr statuarisch festgelegter Zweck beinhaltet unter anderem die „Organisation und Durchführung von internationalen Wettbewerben und Turnieren des europäischen Fussballs in all seinen Formen und unter Beachtung der Gesundheit der Spieler" (UEFA 2021c, Art. 2 Nr. 1d). Neben den Europameisterschaften der Damen- und Herren-Nationalmannschaften gehören zu diesen Wettbewerben insbesondere die UEFA Champions League, die UEFA Women´s Champions League sowie die UEFA Europa League. Für eine Teilnahme an den Klubwettbewerben sind die Financial Fair-play-Regularien zu beachten. Das **UEFA-Klublizenzierungsverfahren ist im Übrigen nun auch für den Frauenfußball relevant.** Es wurde 2018 eingeführt und im Rahmen des Zulassungsverfahrens zur UEFA Women's Champions League 2020/2021 erstmals angewendet (vgl. UEFA 2020b), bleibt in dieser Arbeit allerdings noch außerhalb einer gesonderten Betrachtung.

Aktuell hat die UEFA 55 nationale Mitgliedsverbände (z. B. Deutscher Fußball-Bund), die sich zur Einhaltung der Statuten, Reglemente und Beschlüsse der UEFA sowie der Ent-scheidungen des in Lausanne sitzenden Sport-Schiedsgerichtes (CAS) verpflichten (vgl. UEFA 2021c, Art. 7bis Nr. 1b). Darüber hinaus müssen die sich aus der Mitgliedschaft ergebenden Pflichten innerhalb der nationalen Statuten aufgenommen und deren Ein-haltung durch die Ligen (z. B. Deutsche Fußball Liga), Vereine, Spieler und Offiziellen sichergestellt werden. Auf dieser Grundlage haben Regelungen der UEFA, wie das Financial Fairplay, eine Durchschlagswirkung auf die Nationalverbände sowie deren Ligen und Klubs.

Erfordernis für ein finanzielles Fairplay 2

2.1 Die wirtschaftliche Lage des europäischen Lizenzfußballs

In einem jährlichen **Benchmarking-Bericht zur Klublizenzierung** veröffentlicht die UEFA seit dem Bericht zum Geschäftsjahr 2008 regelmäßig zusammengefasste Zahlen zur Lage der Erstligaklubs in Europa. Da die Auswahl und Form der Darstellung sowie die Datenbasis der Berichte über die Jahre hinweg nicht einheitlich blieb, fällt ein Vergleich der Zahlen mitunter schwer. Ausgewählte Aussagen aus dem Bericht für das Geschäftsjahr 2009 machen jedoch deutlich, dass der europäische Lizenzfußball, wie von der UEFA selbst diagnostiziert, damals in einer **finanziellen Notsituation** steckte (vgl. UEFA 2010a, S. 58 f.).

Ein genaueres Urteil liefern die Berichte der Abschlussprüfer. Bei knapp 14 % der Erstligaklubs (n = 599), im Vergleich zu 9 % im Vorjahr 2008, zweifelten die Prüfer an der Fortführungsfähigkeit von deren Geschäften oder erteilten gar einen Versagungsvermerk. Lediglich in 22 der damals 53 Mitgliedsländer bekamen alle Klubs der Ersten Liga einen uneingeschränkten Bestätigungsvermerk erteilt. Diese Vorbehalte gehen einher mit der Beobachtung, dass 375 bzw. 56 % der Klubs im Jahr 2009 (gegenüber 47 % in 2008) Nettoverluste ausweisen mussten. Damals erzielten insbesondere die größeren Klubs schlechtere Ergebnisse. Insgesamt aggregierten sich die Nettoverluste auf 1,18 Mrd. € (n = 664). Nur in vier der 30 größten Ligen wurde aggregiert über alle zugehörigen Klubs ein positives Jahresergebnis erzielt. Um Verluste zu decken oder Liquiditätsengpässe zu überwinden und damit die Klubfinanzen im Gleichgewicht zu halten, wurden von Klubeigentümern Kapitalzuschüsse in Höhe von annähernd 300 Mio. € geleistet. Diese deckten dennoch nur rund ein Viertel der Nettoverluste (vgl. UEFA 2010a, S. 59, 86 f., 96).

▶ **Nettoverluste** Innerhalb des Benchmarking-Berichts 2009 stellt der Nettogewinn beziehungsweise -verlust das Ergebnis einschließlich der Transferaktivitäten, der Finanzierungs- und Veräußerungsergebnisse sowie der
nicht betrieblichen Posten und Steuern dar. Es entspricht dem Nettoergebnis
beziehungsweise Jahresendergebnis (vgl. UEFA 2010a, S. 86).

Folglich verschlechterte sich das Eigenkapital bei 53 % der Klubs (n = 647) und
damit in mehr Fällen als bereits im Vorjahr mit 44 %. Am Ende des Geschäfts-
jahres 2009 mussten insgesamt 245 beziehungsweise 37 % der Klubs (n = 663)
ein negatives Eigenkapital und damit eine bilanzielle Überschuldung ausweisen.
- Unter diesen befanden sich auch 19 Klubs (und damit quasi eine ganze Liga) der
fünf größten Ligen Europas. Insgesamt standen bei den 733 europäischen Erstligaklubs den Vermögenswerten in Höhe von 20,5 Mrd. € Verbindlichkeiten in
Höhe von 19,0 Mrd. € gegenüber. Von den Klubs mit negativem Eigenkapital
erzielten in 2009 insgesamt 180 ein negatives Jahresergebnis (vgl. UEFA 2010a,
S. 92 ff.). Zusammenfassend ist festzustellen, dass eine Ertragskraft sowie eine
Kreditwürdigkeit der europäischen Erstliga-Klubs in 2009 nur noch bedingt vorhanden waren.

Bei einer genaueren Betrachtung der Erträge und Aufwendungen der
Klubs werden erste Ursachen für diese Lage erkennbar. Die Gesamterträge
wurden mit 11,7 Mrd. € beziffert. Den größten Anteil nahmen mit 4,2 Mrd. €
beziehungsweise 36 % die Erträge aus der Vermarktung medialer Senderechte
ein. In 2008 stiegen die Gesamterträge um 4,8 % und übertrafen damit die all-
gemeine Inflationsrate der Eurozone in Höhe von 0,3 % deutlich. Dennoch lag
das Ertragswachstum nur bei etwa der Hälfte des Vorjahres und blieb damit
unter den Erwartungen. Gleichzeitig stiegen die gesamten Aufwendungen um
9,3 % auf 12,9 Mrd. €. Die europäischen Erstligaklubs gaben somit 110 % ihrer
gesamten Erträge und damit deutlich mehr aus, als sie einnahmen. Mit 7,5 Mrd. €
beziehungsweise 64 % der Gesamtaufwendungen (61 % in 2008) hatten die
Personalaufwendungen den höchsten Anteil und stiegen zum Vorjahr um 8 %.
Der Nettotransferaufwand betrug 452 Mio. € beziehungsweise 4 % der Gesamtaufwendungen (vgl. UEFA 2010a, S. 62 f., 78).

▶ **Personalaufwand** Der Personalaufwand bezieht sich auf sämtliche
Angestellte des Klubs und umfasst Gehälter, Boni, Nebenleistungen, Sozial-
abgaben und Renten für Spieler sowie technische und administrative Mit-
arbeiter*innen (vgl. UEFA 2010a, S. 78).

▷ **Nettotransferaufwand** Der Nettotransferaufwand setzt sich aus der Amortisation vergangener Transfers (17,1 % des Ertrags) und den Abschreibungen auf die Transferwerte (0,8 %) abzüglich des Nettogewinns beziehungsweise zuzüglich des Nettoverlusts aus dem Verkauf von Spielern während des Jahres (13,7 % Gewinn) zusammen (vgl. UEFA 2010a, S. 78). Der relativ geringe Anteil an den Gesamtaufwendungen erklärt sich dadurch, dass sich bei einem Transfer innerhalb Europas zwischen aufnehmendem und abgebendem Klub im Grundsatz ein Transfersaldo von null ergäbe, wenn der aufnehmende Klub nicht eine Aktivierung der Ablösesumme als sog. Spielerwert vornehmen müsste. Zur Bilanzposition Spielerwert vgl. Hierl und Weiß (2015, S. 72–74).

Fünf Jahre nach Inkrafttreten des **UEFA-Reglement zur Klublizenzierung und zum finanziellen Fairplay** zeigt der Benchmarking-Bericht für das Geschäftsjahr 2015 eine Verbesserung der wirtschaftlichen Lage der europäischen Erstligaklubs. Die über alle Klubs (n = 679) aggregierten Nettoverluste innerhalb des Berichts betragen nunmehr „nur" noch 322 Mio. €. Insgesamt mussten jedoch immer noch 356 und damit 52 % aller Klubs Nettoverluste ausweisen. Mittlerweile wurde im Aggregat aller zugehörigen Klubs in 10 der 20 größten beziehungsweise in 25 aller 54 Ligen ein positives Jahresergebnis erzielt. Anders als im Vergleich zum Jahr 2009 erzielten insbesondere die Klubs außerhalb der größten Ligen schlechtere Ergebnisse. Die Ertragskraft scheint sich einerseits zwischen den größten und kleinsten Ligen sowie innerhalb der Ligen auch zwischen den größeren und kleineren Klubs auseinander zu entwickeln (vgl. UEFA 2016, S. 108 ff.). Die Eigenkapitalausstattung blieb bei vielen Klubs kritisch. Das sich weiter verbessernde Verhältnis von Vermögenswerten (27,4 Mrd. €) zu Verbindlichkeiten (21,3 Mrd. €) im Geschäftsjahr 2015 war demnach nur bedingt ein Antwortindikator auf die Frage, ob alle europäischen Erstligaklubs von einer verbesserten Eigenkapitalausstattung profitieren konnten (vgl. UEFA 2016, S. 108–128). Die Ertrags- und Aufwandslage im Geschäftsjahr 2015 zeigt Folgendes. Die Gesamterträge lagen mittlerweile bei 16,9 Mrd. €. Im Vergleich zum Vorjahr stiegen sie damit um 6,3 % und in den letzten 20 Jahren durchschnittlich sogar um 9,3 % pro Jahr. Den größten Anteil nahmen mit 5,8 Mrd. € beziehungsweise 34 % weiterhin die Erträge aus der Vermarktung der medialen Senderechte ein. Die gesamten Aufwendungen stiegen im Vergleich zum Vorjahr um ca. 5,2 % auf 17,2 Mrd. €. Somit gaben die europäischen Erstligaklubs zwar weniger aus als 2009, aber mit 102 % immer noch mehr aus als ihre gesamten Erträge. Mit 10,6 Mrd. € beziehungsweise 63 % beanspruchten die Personalaufwendungen nach wie vor den größten Anteil der Gesamtaufwendungen und stiegen zum Vorjahr um 8 %. Der Nettotransferaufwand in 2015 betrug 445 Mio. € beziehungsweise 3 % der Gesamtaufwendungen (vgl. UEFA 2016, S. 88).

Der aktuellste, im April 2021 vorliegende Benchmarking-Bericht zur Klublizenzierung für das Finanzjahr 2018 ist geprägt von Superlativen. Seit 2017 liegt über alle Fußballklubs hinweg anstelle eines aggregierten Nettoverlustes nun ein aggregierter Nettogewinn vor (140 Mio. € in 2018). Das Nettoeigenkapital ist zum neunten Mal in Folge auf nunmehr 9,0 Mrd. € gestiegen. Und die Nettoschulden betragen nur noch 40 % in Relation zu den Umsatzerlösen. Die Gesamteinnahmen der Erstligisten beliefen sich auf 21 Mrd. € und damit weitere 5 % mehr als in 2017 (+80 % gegenüber 2009). Die Personalaufwendungen sind in 2018 ebenfalls (nochmals) deutlich gestiegen (+9,4 %). Der Personalaufwandsanteil liegt nun bei 63,9 %, wobei außerhalb der Top 20-Ligen bereits in 13 Ligen mehr als vier von fünf eingenommenen Euros für Personal ausgegeben wurden (vgl. UEFA 2021d, S. 56–129).

Abgesehen von der bedenklichen Personalaufwandsentwicklung sollen diese Zahlen den Erfolg des Financial Fairplay bestätigen. **Im Aggregat hat sich die wirtschaftliche Lage seit 2009 unbestritten deutlich verbessert. Auf den ersten Blick ist dies ein Argument dafür, dass die Umsetzung des FFP-Regelwerks gelungen ist** und das FFP nun gelobt sowie gegebenenfalls wegen Zielerreichung abgeschafft werden kann. **Auf den zweiten Blick** zeigen sich (leider) auch die nachfolgenden Erkenntnisse, die ein **erhebliches Ungleichgewicht zwischen den Klubs** verdeutlichen und ein **Argument dafür sind, eine grundsätzliche Reformierung zu überdenken,** um die Position der kleineren Klubs wieder zu stärken (vgl. UEFA 2021d, S. 56–129).

- In Deutschland erzielt jeder Erstligist im Durchschnitt Umsatzerlöse in Höhe von 175,3 Mio. €. Dieser Durchschnittswert wird durch den „Ausreißer" FC Bayern München deutlich nach oben verzerrt. Im Konzern wurden dort in 2017/2018 insgesamt 648,1 Mio. € erwirtschaftet, in der Saison 2018/2019 waren es dann bereits 739,8 Mio. €.
- Der deutsche Durchschnittswert für die Umsatzerlöse in Höhe von 175,3 Mio. € liegt deutlich hinter dem englischen Wert. In der Premier League erwirtschaftet jeder Klub im Durchschnitt 272,0 Mio. €.
- Ein nationales Wehklagen kann unterbleiben: Deutschland liegt mit diesen Einnahmen im UEFA-Ranking auf Platz 2, dahinter folgen Spanien (157,3 Mio. € je Klub), Italien (115,3 Mio. € je Klub), Frankreich (84,7 Mio. € je Klub) sowie 50 (sic!) weitere Nationen bis hin zu San Marino (2,6 Mio. € je Klub).

- Die 20 englischen Erstligisten verzeichneten 2018 mehr Einnahmen als alle (sic!) 617 Vereine der 50 Länder am Ende der Liste zusammen.
- In den 5 Top-Ligen werden 77 % des gesamten Vermögens aller 55 Ligen bilanziert.
- 30 Top-Klubs erzielen 49 % der Einnahmen aller mehr als 700 Klubs.
- 20 Top-Klubs erreichen bei den Ticketeinnahmen aller Erstligisten sogar einen Anteil von 48 %.
- Die Top-Klubs in Deutschland zahlen mehr als vier Mal so hohe Gehälter als die anderen Klubs. In Spanien erreicht der Gehaltsmultiplikator bei den Top-Klubs sogar den Faktor 11.
- Das Nettoeigenkapital hat sich auch aus dem Grund verbessert, weil allein in England, Italien, Frankreich, Deutschland und der Türkei in den vergangenen fünf Jahren Eigenkapitalerhöhungen in Höhe von etwa 4,2 Mrd. € durchgeführt wurden.

▶ Zwischenfazit in Thesenform: Top-Klubs wirtschafteten früher bisweilen sogar (deutlich) schlechter als andere Klubs (Dietl et al. 2003, S. 528 prägten das Zitat eines „Wassermangel[s] mitten im Monsunregen"), der finanzielle Abstand im Hinblick auf die Vermögens-, Finanz- und Ertragskraft war überschaubar. In der Gegenwart spielen die Top-Klubs auch ohne offizielle Bestätigung eigentlich bereits in einer eigenen Finanz-Superliga und können im Wettbewerb mit Nicht-Top-Klubs nahezu jeden Preis betreffend Gehalt oder Ablösesumme für einen Spieler überbieten, sofern sie dies möchten (bei Messi und Neymar scheinen der FC Barcelona beziehungsweise Paris Saint Germain allerdings eventuell jegliche Balance verloren zu haben). Marktregulierend wirkt allein noch der Wettbewerb zwischen den Top-Klubs in Verbindung mit einer Limitierung der Anzahl an Lizenzspielern in einem Kader. Die aktuelle Champions League-Reform mit einer wohl deutlichen Erweiterung der Anzahl an Spielen könnte dazu beitragen, dass Top-Klubs zukünftig zwei vollwertige Spielerkader unterhalten, einer wird für die Champions League gemeldet, der andere für die nationale Liga.

Ob und wie die Financial Fairplay-Reglementierung in diesem Zusammenhang einzuordnen ist, wird noch zu untersuchen sein. Zuvor aber noch der Versuch einer wissenschaftlichen Erklärung.

2.2   Wissenschaftliche Erklärungsansätze

Die wissenschaftliche Diskussion sieht Schieflagen, wie die des europäischen Lizenzfußballs, als ein Resultat aus den originären Eigenschaften von Ligawettbewerben. Das Erfordernis für eine Regulierung des Wettbewerbs kann hier vor allem an einem Marktversagen abgeleitet werden, das sich durch das Auftreten verschiedener Phänomene zeigt (vgl. Vöpel 2011, S. 56).

Für Vereinsvorstände und Klubmanager in Ligawettbewerben entstehen durch die Aussicht auf eine Verbesserung in der Abschlusstabelle (und damit einhergehend deutliche Mehreinnahmen) starke Anreize, Spitzenspieler oder vielversprechende Talente zu verpflichten, um die Spielstärke ihres Teams zu erhöhen (vgl. Schellhaaß 2006, S. 34). Dieses Streben nach einer verbesserten Platzierung erwächst dabei vor allem aus der Siegeslogik des Spitzensports, die eine möglichst erfolgreiche Teilnahme an sportlichen Wettbewerben priorisiert. Die Liquidität der partizipierenden Vereine oder Kapitalgesellschaften bleibt dabei lediglich notwendige Bedingung, um die Existenz der Klubs sicherzustellen beziehungsweise den für einen sportlichen Erfolg erforderlichen Ressourceneinsatz realisieren zu können. Im Spannungsfeld zwischen sportlichen und ökonomischen Erfolgserwartungen zieht das Management von Spitzensportorganisationen typischerweise Investitionen, die den Spielbetrieb oder spielbetriebsnahe Aufgabenbereiche betreffen, wirtschaftlichen Überlegungen vor (vgl. Fahrner 2012, S. 123 f.). Denn für die Bewertung einer sportlichen Leistung als Sieg oder Niederlage sind keine außersportlichen Kriterien relevant (vgl. Schimank 1995, S. 61). Zugleich sind Tabellenpositionen nicht teilbar, das heißt Rangverbesserungen eines Klubs sind immer auch mit negativen externen Effekten für unterlegene Konkurrenten verbunden (vgl. Stichweh 1990, S. 384–389 sowie Fahrner 2012, S. 123). Unter Beachtung eines sich wechselseitig ausschließenden Erfolgs führt der sportliche und wirtschaftliche Belohnungsmechanismus einer Liga also dazu, dass die Klubs zusammen mehr Geld in Form von Ablöseentschädigungen und Gehältern ausgeben, als durch die kollektiv generierten Einnahmen der Liga gedeckt werden können. Im Durchschnitt über alle Klubs ist die Rendite der Investitionen daher in der Regel negativ, selbst wenn sie im Erfolgsfall individuell positiv ausfallen kann. Ein finanzieller Mehreinsatz wird in einer Gesamtbetrachtung somit nicht belohnt, auch wenn er innerhalb von individuellen Optimierungsüberlegungen sorgfältig abgewogen sein kann (vgl. Franck und Müller 2000, S. 3–26) Droht den Klubs die Gefahr, die eigenen sportlichen Ziele und die damit zusammenhängenden finanziellen Einnahmen zu verpassen, werden oftmals sogar zusätzliche Investitionen getätigt. Sportlicher Erfolg wird dadurch jedoch nicht zwingend sichergestellt (vgl. Schellhaaß 2006, S. 35–40). Das Phänomen eines sich so steigernden Ressourceneinsatzes bei gleichzeitiger Unterdeckung von Aufwendungen der Klubs einer sportlichen Liga wird als **Hyperaktivität** (vgl. Alchian und Demsetz 1972, S. 791) oder auch als **Überinvestition beziehungsweise Einnahmen-Verschwendung** (vgl. Dietl et al. 2003) bezeichnet. Ihr Ausmaß wird dabei gemäß empirischer Nachweise verstärkt, wenn

- Investitionen in Spieltalente und sportlicher Erfolg in der Liga stärker korrelieren,
- Investitionen gleichzeitig anstelle aufeinanderfolgend getätigt werden,
- abhängig von der Tabellenposition ein zusätzlicher Preis ausgeschrieben wird (z. B. Teilnahme an internationalen Klub-Wettbewerben) und
- zwischen der ersten und der zweiten Liga eine ansteigende Einnahmen-Differenz herrscht (vgl. exemplarisch Dietl et al. 2003, S. 366 sowie Franck 2014, S. 196).

Während die Verteilung von Wettbewerbsprämien im Wesentlichen an die Tabellenplatzierung gekoppelt bleibt, und damit unabhängig vom Ressourceneinsatz fixiert ist, entsteht in der Folge ein sog. **Rattenrennen**.

Hintergrundinformation

Die Metapher des **Rattenrennens** wurde 1976 durch Georg Akerlof als Beschreibung ökonomischer Sachverhalte eingeführt, in denen mehrere Akteure um einen „Preis" konkurrieren beziehungsweise „rennen", der wiederum nur unterproportional oder mitunter überhaupt nicht wächst (vgl. Akerlof 1976, S. 603). Eine Übertragung auf den Zusammenhang des sportlichen Ligawettbewerbs erfolgte unter anderem durch Franck (vgl. Franck 1995, S. 160) sowie Hierl und Weiß (vgl. Hierl und Weiß 2015, S. 221).

Um in diesem Rennen gegenüber anderen Klubs einen Vorteil zu generieren, erscheint die Suche nach zusätzlichen Finanzmitteln wie eine logische Konsequenz. Kaum verwunderlich ist daher, dass die Existenz vieler Klubs von der sog. „Injektion" zusätzlicher Finanzmittel durch Investoren und Wohltäter abhängt, die ihrerseits auf den Einfluss bei Managementangelegenheiten zielen, insbesondere auf die Gestaltung des sportlichen Kaders. Aufgrund ihres aktuellen Ausmaßes und ihrer Verwendung innerhalb der Klubs werden solche Finanzinjektionen von der UEFA und einigen Wissenschaftlern als exzessiv, ungewöhnlich und irregulär angesehen. Wettbewerbsverzerrungen und die Schwächung der Konsumentennachfrage aufgrund eines geschwächten ausgeglichenen Wettbewerbs könnten die Folge ihres Einsatzes sein und würden den sportlichen Wettbewerb grundsätzlich bedrohen (vgl. Müller et al. 2012, S. 123–140 sowie Franck 2014, S. 194).

Bereits jetzt erscheint der europäische Lizenzfußball als ein aus etwa zehn bis 20 Klubs bestehendes Oligopol, dessen Wettbewerbsbalance nicht nur innerhalb der nationalen Ligen, sondern auch zwischen den verschiedenen europäischen Ligen gefährdet ist. Bisher konnte nicht nachgewiesen werden, dass eine Monopolisierung oder die Insolvenz einzelner Klubs die Wettbewerbsbalance signifikant verringert, dennoch gelten Finanzinjektionen nach dieser Argumentationskette als **finanzielles Doping** (vgl. Vöpel 2011, S. 54).

▶ **Finanzielles Doping** Finanzielles Doping wird definiert als „performance-oriented financial means not earned by a club directly or indirectly through its sporting operations or drawing potential, but rather provided by an external investor, benefactor, or creditor detached from sporting merit and drawing potential as well as from sustainable investment motivations" (Müller et al. 2012, S. 124).

In einen engen Zusammenhang mit finanziellem Doping wird die Beobachtung gebracht, dass sich Fußballklubs und deren Management bei schlechter Geschäftsführung offenbar nicht mit derselben Bedrohung einer Insolvenz konfrontiert sehen. In diesem Zusammenhang konnte empirisch nachgewiesen werden, dass die Entscheidungsträger eines Klubs risikoreichere Investitionsstrategien wählen, wenn ihr Klub Finanzinjektionen erhält. Je mehr ein Investor oder Wohltäter dabei dazu beiträgt, eine drohende Insolvenz abzuwenden, umso weiter erhöht sich anschließend das optimale Risikolevel des Klubs (vgl. Franck 2014, S. 196 f.). Andreff (2007) verknüpfte dieses Phänomen im Sportbusiness erstmals mit der Theorie der sog. **Soft Business Constraint** von Kornai (1980). Verschiedene andere Wissenschaftler griffen seitdem die Auffassung eines solchen vorliegenden Spezialfalls auf (vgl. exemplarisch Storm und Nielsen 2012 sowie Franck 2014).

Hintergrundinformation

Mit seinen theoretischen Überlegungen zu "Hard and Soft Budget Constraint" lieferte Kornai (1980) einen Erklärungsansatz für das Verhalten von Managern in streng kapitalistisch beziehungsweise sozialistisch geprägten Volkswirtschaften. So würden die Erwartungen eines Managers bezüglich seines zukünftig zulässigen Verhaltens davon abhängig sein, wie hart oder weich die Bedingungen für die Nutzung von finanziellen Mitteln sind.

Ein Soft Business Constraint ist beispielsweise geprägt durch staatliche Subventionen ohne Rückzahlungsverpflichtungen, erleichterte Kreditverträge einer Staatsbank, die

Tolerierung von Steuerschulden oder Investitionen, die nicht auf eine Weiterentwicklung des Unternehmens, sondern vielmehr auf die Abwendung einer finanziellen Notlage abzielen. In einer solchen Unternehmensumwelt erwartet ein Management folglich weniger, dass die Existenz und das Wachstum ihres Unternehmens ausschließlich von Produktions- und Absatzfaktoren abhängen, wie beispielsweise Herstellungskosten und Verkaufserlöse. Verhielten sich externe Unternehmensbeteiligte, hier insbesondere der Staat, in der Vergangenheit „weich", erscheint es rational, dass sich diese auch in der Gegenwart und Zukunft „weich" verhalten. Ein plötzlich „hartes" Verhalten könnte zur Insolvenz des Unternehmens und einer dann vollständigen Abschreibung sämtlicher Investitionen der Vergangenheit führen. Folglich würden die Kosten eines fortgeführten „weichen" Verhaltens oder sogar einer erneuten Insolvenzrettungsaktion in dieser Logik als das geringere Übel angesehen. Dementsprechend passt das Management sein Verhalten an die Bedingungen beziehungsweise Erwartungshaltungen an, denen es unterliegt (vgl. Kornai 1980, 2014 sowie Franck 2014).

Im Fußballbusiness lässt sich im Sinne dieser Theorie beobachten, dass die Klubs beispielsweise von weichen Steuerbedingungen durch Tolerierung etwaiger Steuerschulden, weichen administrativen Kosten in Form günstiger Gebrauchsrechte kommunaler Stadien oder weichen Kreditverträgen mit staatlich kontrollierten Banken profitieren (vgl. Franck 2014, S. 197). Finanzielle Rettungsaktionen oder Investitionen durch beispielsweise Mäzene, Scheichs oder Oligarchen ohne Rückzahlungsverpflichtungen gehören ebenfalls in die Reihe der Indikatoren für eine Existenz weicher Bedingungen. Die zukünftige Aufrechterhaltung einer solchen Soft Business Constraint kann auch hier mit der Sorge um die negativen Folgen einer Klubinsolvenz erklärt werden. Auf öffentlicher Seite drohen bei einer Insolvenz zum Beispiel der Verlust des wichtigsten Mieters des kommunalen Stadions, der Verlust von Arbeitsplätzen sowie der Verlust einer wertvollen Freizeitbeschäftigung im Einzugsgebiet des Klubs. Dies könnte mit negativen Folgen für künftige politische Wahlen sowie dem Image und der Investorenattraktivität der Region einhergehen. Bei privaten Investoren ergeben sich bei einer Klubinsolvenz neben dem Wertverlust der getätigten Investitionen weitere Negativeffekte. So entfallen beispielsweise die Chancen auf eine verbesserte Wahrnehmung sowie öffentliche Akzeptanz ihres originären Geschäftsfelds sowie der Prestigegewinn aufgrund von Eigentum und Kontrolle über ein Spitzenklasseobjekt der Konsumbranche. Sowohl auf öffentlicher, als auch auf privater Seite werden daher die Kosten von finanziellen Subventionen oder Rettungsaktionen gegen die Kosten einer Klubinsolvenz abgewogen und können dazu führen, dass eine latente Fortführungsverpflichtung der Soft Business Constraint entsteht. In der Logik der Theorie verstehen Klubs und deren Management die Folgerungen aus diesem Dilemma und passen ihr Verhalten entsprechend an. Schulden werden von Klubs folglich ohne Bedenken aufgenommen, da sie im Falle einer Überschuldung darauf vertrauen können, gerettet zu werden. Die Gefahr eines Insolvenzverfahrens aufgrund von (drohender) Illiquidität oder bilanzieller Überschuldung kann damit nicht die Wirkung einer Hard Budget Constraint entfalten. Dass dies vor allem für diejenigen Klubs gilt, deren Marktgröße besonders groß ist, konnte in ähnlicher Weise nachgewiesen werden, wie dies nach der Logik der **Too big to fail-Theorie** aus dem Bankensektor bekannt ist (vgl. Franck und Lang 2014, S. 447). Sobald aber nicht mehr die Fortführung der Geschäfte gefährdet ist, ändern sich auch die Optimierungskalküle der Entscheidungsträger von Klubs. Fortan konzentrieren sie sich nicht mehr auf grundlegende Investitionsvariablen, wie beispielsweise Preis-Leistungsfaktoren, um schlechte Projekte von guten Projekten zu unterscheiden, sondern fokussieren sich zunehmend auf die Gunst von Wohltätern. Soft Business Constraint-Klubs und deren Management werden in der Folge weniger innovativ und unternehmerisch agieren (vgl. Franck 2014, S. 203).

Insgesamt werden die Phänomene der Hyperaktivität (und dem daraus folgenden Rattenrennen der Klubs), des Finanzdopings, der Tendenz zum Oligopol sowie einer Soft Business Constraint-Umwelt innerhalb des europäischen Lizenzfußballs als Indikatoren für ein Marktversagen gewertet, das die Einführung einer Wettbewerbsregulierung rechtfertigt (vgl. exemplarisch Vöpel 2011, S. 56 sowie Franck 2014, S. 204). Müller unterteilt mögliche Maßnahmen zur Dämpfung von Hyperaktivität in Teamsportligen in vier Kategorien (vgl. Müller 2005, S. 55–75 sowie Müller et al. 2012, S. 122):

- **Umverteilung der Erlöse**
  Zum Beispiel durch die Einführung einer Zentralvermarktung. Verteilungsschlüssel können mit treppenförmigen sowie abflachenden Erlössprüngen versehen werden, die an die Tabellenplatzierungen geknüpft werden.
- **Zufallseinfluss**
  Zum Beispiel durch die Auslosung einer K.O.-Runde ohne Setzliste lassen sich in Folge der Zunahme der Unsicherheit des Erfolgs die Anreize für Überinvestitionen verringern.
- **Inputreglementierung**
  Zum Beispiel durch die Begrenzung von Gehältern (sog. „Salary Caps") oder Kadergrößen (sog. „Squad Size Limits") kann der Spielraum von Investitionen in Spieltalente begrenzt werden. In der Praxis zeigt sich jedoch, dass die Betroffenen Kreativität im Hinblick auf die Umgehung solcher Begrenzungen entwickeln.

- **Regulierungssysteme**
  Zum Beispiel durch das Durchlaufen eines um Sanktionsmechanismen ergänzten Lizenzierungsverfahrens, können Klubs zu einer strengeren Planung und Aufzeichnung der Geschäfte verpflichtet werden. So müssen sie dann beispielsweise nachweisen, dass nur so viel Geld ausgegeben wird, wie Finanzmittel zur Verfügung stehen.

Die Vorschriften zum Finanziellen Fairplay stellen zusätzliche Anforderungen an die Klubs dar, die diese für eine Teilnahmeberechtigung an den UEFA-Klubwettbewerben erfüllen müssen. Es handelt sich um eine Ergänzung des bestehenden europäischen Lizenzierungsverfahrens und ist somit Teil eines Regulierungssystems mit teilweiser Inputreglementierung.

Regulatorische Umsetzung durch die UEFA 3

Die Einführung des sog. finanziellen Fairplay genehmigte das UEFA-Exekutivkomitee in Übereinstimmung mit der Interessenvertretung europäischer Vereine (ECA) im September 2009. In der Folge trat an die Stelle des für die Teilnahmeberechtigung an den UEFA-Klub-Wettbewerben damals maßgeblichen UEFA-Handbuchs zum Lizenzierungsverfahren in der Version 2.0 (vgl. UEFA 2005) das „UEFA-Reglement zur Klublizenzierung und zum finanziellen Fairplay – Ausgabe 2010" (vgl. UEFA 2010b). Seit der Spielzeit 2010/2011 müssen die europäischen Erstligaklubs fortan nicht nur die bereits bekannten Vorschriften der UEFA-Klublizenzierung einhalten, sondern zusätzlich auch die des neuen UEFA-Klub-Monitoring. Wobei die Break-even-Vorschrift als das wesentliche Kriterium des finanziellen Fairplay zwar bereits in der Ausgabe 2010 formuliert ist, aber von der UEFA erst seit der Spielzeit 2014/2015 überwacht und sanktioniert wird (ursprünglich war 2013/2014 als Beginn vorgesehen). Nach den Anpassungen zur Weiterentwicklung des Reglements in 2012 und 2015 gilt derzeit die Fassung „UEFA-Reglement zur Klublizenzierung und zum finanziellen Fairplay – Ausgabe 2018" (kurz FFP-Reglement beziehungsweise als Quellenangabe UEFA 2018).

Als Randnotiz sei noch erwähnt, dass die UEFA im Zuge der Corona-Pandemie 2020 eine Lockerung der FFP-Regularien beschlossen hat. Insbesondere wird die Bewertung des Finanzjahres 2020 um eine Saison verschoben und gemeinsam mit dem Jahr 2021 erfolgen, die Finanzjahre 2020 und 2021 werden als eine Periode bewertet werden. In diesem Zusammenhang wird die Monitoring-Periode 2020/2021 gekürzt auf die in 2018 und 2019 endenden Finanzjahre, die Monitoring-Periode 2021/2022 wird ausgeweitet auf die in 2018, 2019, 2020 und 2021 endenden Finanzjahre (vgl. UEFA 2020a). Es ist im Übrigen nicht davon auszugehen, dass eine Verfehlung der monetären FFP-Zielvorgaben eine strenge Sanktionierung der Finanzkontrollkammer für Klubs (FKKK) zur Folge haben wird. Gemäß Art. 68 in Verbindung mit Anhang XI

© Springer Fachmedien Wiesbaden GmbH, ein Teil von Springer Nature 2021
L. Hierl und K. Köppen, *Financial Fairplay im Profifußball*, essentials,
https://doi.org/10.1007/978-3-658-35622-4_3

Buchstabe e) der FFP-Regularien (vgl. UEFA 2018) können und werden sich die von einer Verfehlung der Monitoring-Vorschriften betroffenen Klubs auf höhere Gewalt im Zuge der Corona-Pandemie berufen.

▷ **Die Regelungen zum FFP sind kein eigenständiges Regelwerk** Das in der Öffentlichkeit viel diskutierte **Financial Fairplay** stellt, anders als möglicherweise zu erwarten, kein eigenständiges Reglement dar. Es wird vielmehr durch das **UEFA-Klub-Monitoring** verkörpert und ergänzt seit der Spielzeit 2010/2011 das europäische Klub-Lizenzierungsverfahren, das erstmals für die Spielzeit 2014/2015 angewandt wurde.

3.1 Die Grundzüge des Reglements

Die Vorschriften der **UEFA-Klublizenzierung** definieren im Wesentlichen jene Kriterien, die ein Klub erfüllen muss, um bei einer sportlichen Qualifikation an einem UEFA-Klubwettbewerb teilnehmen zu können. Die Kriterien beinhalten Vorgaben zur sportlichen, infrastrukturellen, personellen und administrativen, rechtlichen sowie finanziellen Konstitution von Klubs. Insbesondere soll damit (vgl. UEFA 2018, Art. 2 Nr. 2)

- die wirtschaftliche und finanzielle Leistungsfähigkeit der Klubs verbessert sowie ihre Transparenz und Glaubwürdigkeit erhöht werden;
- für eine angemessene Berücksichtigung des Gläubigerschutzes gesorgt und sichergestellt werden, dass die Klubs ihren Verbindlichkeiten gegenüber Spielern, Steuerbehörden, Sozialversicherungsinstitutionen sowie anderen Vereinen fristgerecht nachkommen;
- für mehr Disziplin und Rationalität im finanziellen Bereich des Klubfußballs gesorgt werden;
- es gelingen, Klubs dazu zu bringen, im Rahmen ihrer eigenen Einnahmen zu wirtschaften;
- es gefördert werden, Ausgaben für den langfristigen Nutzen des Fußballs verantwortungsvoll zu tätigen;
- die Lebensfähigkeit und Nachhaltigkeit des europäischen Klubfußballs langfristig geschützt werden.

▷ **Lizenz** Eine Lizenz im Sinne des UEFA-Reglements ist ein vom „Lizenzgeber" erteiltes Zertifikat, das im Rahmen des Zulassungsverfahrens für die UEFA-

Klubwettbewerbe die Erfüllung aller Mindestkriterien durch den Lizenzgeber bestätigt" (UEFA 2018, Art. 3 Nr. 1).

Im Mittelpunkt des Lizenzierungsverfahrens steht insbesondere die Überprüfung der wirtschaftlichen Leistungsfähigkeit der Klubs, gemessen anhand der finanziellen Kriterien. Diese sind faktisch lizenzierungsrelevant, alle weiteren Kriterien werden von den Klubs in der Regel erfüllt und stellen im Gegensatz zu den wirtschaftlichen Anforderungen meist keine problematischen Hindernisse dar (vgl. Müller 2005, S. 61 f.). Für den Zweck der Klublizenzierung erstrecken sich die Berichtspflichten der Klubs im Wesentlichen auf die Aufstellung und Einreichung eines Jahresabschlusses, der den zu berücksichtigenden Berichtskreis einschließt. Darüber hinaus werden gesonderte Übersichten zur Kontrolle überfälliger Verbindlichkeiten und gegebenenfalls ein Zwischenabschluss sowie zukunftsbezogene Finanzinformationen angefordert (vgl. UEFA 2018, Art. 46bis-52). Auf Basis dieser Unterlagen ist innerhalb des Beurteilungsverfahrens zur Prüfung der finanziellen Kriterien und Erteilung der Lizenz dann insbesondere entscheidend, ob der Jahresabschluss durch einen unabhängigen Abschlussprüfer mit einem uneingeschränkten Bestätigungsvermerk versehen wurde und der jeweilige Klub keine überfälligen Verbindlichkeiten vorweist (vgl. UEFA 2018, Anhang IX). Bei einem Versagensvermerk beziehungsweise einem eingeschränkten Bestätigungsvermerk betreffend die Unternehmensfortführung „ist die Lizenz zu verweigern" (UEFA 2018, Anhang IX Nr. 2c, d), sofern nicht ein entsprechend angepasster Prüfungsbericht vorgelegt werden kann.

Hintergrundinformation
Sowohl der Jahresabschluss als auch der Zwischenabschluss (mit Anpassungen) haben eine Bilanz, eine Gewinn- und Verlustrechnung (GuV), eine Kapitalflussrechnung sowie Anhangangaben zu enthalten. Der Jahresabschluss muss darüber hinaus auch einen Lagebericht der Unternehmensleitung enthalten (vgl. UEFA 2018, Art. 47, 48). Diese Bestandteile müssen die Klubs als Lizenzbewerber dabei unabhängig von ihrer Rechtsform „gemäß den von den nationalen gesetzlichen Vorschriften für Kapitalgesellschaften vorgesehenen Rechnungslegungsgrundsätzen" erstellen (UEFA 2018, Anhang VII, A Nr. 1). Befreiungstatbestände sind nicht vorgesehen. Die national-gesetzlichen Rechnungslegungs- und Prüfungsvorschriften für Kapitalgesellschaften werden dementsprechend auch für jene europäischen Erstligaklubs einschlägig, die beispielsweise noch als eingetragene Vereine firmieren. Darüber hinaus sehen die Vorschriften zum relevanten Berichtskreis vor, dass sämtliche Tochterunternehmen sowie weitere verbundene Unternehmen in die rechtliche Konzernstruktur einzubeziehen sind, wenn diese im Zusammenhang mit bestimmten „definierten fußballerischen Tätigkeiten Einnahmen erzielen und/oder Leistungen erbringen und/oder Ausgaben tätigen" (UEFA 2018, Art. 46bis Nr. 2c). Die UEFA fordert in diesem Zusammenhang die Aufstellung eines konsolidierten oder

kombinierten Jahresabschlusses aller Unternehmen des vorgeschriebenen Berichtskreises, „wie wenn es sich um ein einziges Unternehmen handeln würde" (UEFA 2018, Anhang VII B Nr. 1). Unabhängig von den national-gesetzlichen Rechnungslegungspflichten sind also alle europäischen Erstligaklubs zu einer Konzernrechnungslegung verpflichtet, sofern mindestens ein weiteres Tochter- beziehungsweise verbundenes Unternehmen vorhanden ist.

Nach der Lizenzerteilung wird das **UEFA-Klub-Monitoring** einschlägig und betrifft die für die UEFA-Klubwettbewerbe sportlich qualifizierten und lizenzierten Klubs bis zum Ende der jeweiligen Spielzeit (vgl. UEFA 2018, Art. 54). Von den rund 700 europäischen Erstligaklubs werden in jeder Spielzeit also lediglich jene 235 Klubs durch die Regelungen des finanziellen Fairplay verbandsrechtlich verbindlich überwacht, die an den UEFA-Klubwettbewerben tatsächlich teilnehmen. Eine Volumengrenze nimmt zusätzlich diejenigen Klubs von den Regelungen aus, deren relevante Erträge und Aufwendungen in den beiden vorangegangenen Berichtsperioden weniger als 5 Mio. € betragen haben. Dies trifft auf etwa die Hälfte aller europäischen Erstligaklubs und 41 % der Klubs zu, die sich für UEFA-Klubwettbewerbe sportlich qualifizieren (vgl. Szymanski 2014, S. 220). Eine freiwillige Unterziehung der FFP-Regularien bleibt davon unbenommen.

Im Gegensatz zur UEFA-Klublizenzierung wird die Zuständigkeit bezüglich der Umsetzung des UEFA-Klub-Monitoring nicht auf die nationalen Fußball-Dachverbände übertragen. So war zunächst der Finanzkontrollausschuss für Klubs und ist seit Juni 2012 die zu diesem Zweck errichtete Finanzkontrollkammer für Klubs (FKKK) der UEFA für die Überprüfung und Beurteilung der einzureichenden Unterlagen verantwortlich. Die FKKK ist dabei organisatorisch in eine Untersuchungskammer für die Monitoring- und Ermittlungsphase des Verfahrens sowie eine rechtsprechende Kammer für die Urteilsphase des Verfahrens untergliedert (vgl. UEFA 2019, Art. 4). Anders als bei früheren Lizenzierungsverfahren ergeben sich bezüglich der Einhaltungsvorgaben des finanziellen Fairplay keine nationalen Unterschiede. Innerhalb des vorgegebenen Prozessablaufs wird die FKKK erst aktiv, nachdem die einzureichenden Monitoring-Unterlagen von den nationalen Dachverbänden beziehungsweise Lizenzgebern auf deren grundsätzliche Vorschriftmäßigkeit und Vollständigkeit geprüft wurden. Gemäß den Verfahrensregeln für die UEFA-Finanzkontrollkammer für Klubs beurteilt sie dann, ob die Kriterien erfüllt wurden und entscheidet gegebenenfalls über **mögliche Disziplinarmaßnahmen** (vgl. UEFA 2018, Art. 54 Nr. 2g, Art. 68 in Verbindung mit UEFA 2019, Art. 29). Zum möglichen **Strafmaß** gehören Verweise, Ermahnungen, Geldstrafen oder die Einbehaltung von Einnahmen aus der Teilnahme an UEFA-Wettbewerben. Zusätzlich sind Punktabzüge, Beschränkungen des Spielerkaders für UEFA-Wettbewerbe, Beschränkungen der Gesamt-Personalausgaben, Ausschlüsse aus dem aktuellen und/oder zukünftigen Wett-bewerben und letztlich auch der Widerruf von bereits vergebenen Titeln oder Auszeichnungen möglich (vgl. UEFA 2019, Art. 29). Zu berücksichtigen sind von der FKKK dabei stets die Umstände des Einzelfalls sowie weitere Faktoren aus Anhang XI zu UEFA (2018), zu denen beispielsweise höhere Gewalt und damit wohl auch Auswirkungen der Corona-Pandemie gehören.

Das UEFA-Klub-Monitoring besteht aus zwei Komponenten, der sog. **Break-even-Vorschrift als Kernstück und wesentlicher Neuerung** des Reglements und den sonstigen Monitoring-Vorschriften, die im Grunde lediglich das Verbot überfälliger Verbindlichkeiten strenger reglementieren (vgl. Weber 2012, S. 82 f. sowie Küting und Strauß 2011, S. 69). Nochmals wird darauf hingewiesen, dass die Break-even-Vorschrift als das wesentliche Kriterium des finanziellen Fairplay zwar bereits in der Ausgabe 2010 formuliert ist, die UEFA überwacht und sanktioniert die Einhaltung dieser Vorschrift jedoch erst seit der Spiel-zeit 2014/2015 (ursprünglich war 2013/2014 als Beginn vorgesehen). Im Zuge des Monitoring-Verfahrens ergeben sich für die Klubs auf Basis der geprüften und eingereichten Jahresabschlüsse innerhalb des Lizenzierungsverfahrens weitergehende Berichtspflichten. So müssen insbesondere die sog. Break-even-Informationen für die Berichtsperioden T, T-1 sowie T-2 und gegebenenfalls für die geplante Berichtsperiode T+1 eingereicht werden.

▶ **Berichtsperioden** Die „Berichtsperiode, die in dem Kalenderjahr endet, in dem die UEFA-Klubwettbewerbe beginnen" wird dabei als die Berichtsperiode T definiert (UEFA 2018, Art. 59 Nr. 2a). Entsprechend ergeben sich die beiden vorangehenden Berichtsperioden als T-1 bzw. T-2.

Grundsätzlich haben die Klubs dazu in einer separaten Rechnung, die einer Gewinn- und Verlustrechnung (GuV) ähnelt, ihre **relevanten Einnahmen** ihren **relevanten Ausgaben** gegenüberzustellen und so ihr Break-even-Ergebnis zu ermitteln (vgl. UEFA 2018, Art. 58-64). In diesem Zusammenhang merken Galli et al. an, dass innerhalb der maßgeblichen englischen Fassung des UEFA-Reglements zur Klublizenzierung und zum finanziellen Fairplay auf die einer Rechnungslegungsperiode zuzurechnenden Erträge im Sinne von bewerteten Vermögensmehrungen und Aufwendungen im Sinne von bewerteten Güter- und Dienstleistungsverbräuchen abgestellt wird. In der deutschen Übersetzung werden diese nach ihrer Sicht fälschlicherweise als Einnahmen beziehungs-weise Ausgaben bezeichnet (vgl. Galli et al. 2012, S. 192 f.). Die buch-halterischen Fachbegriffe der erfolgswirksamen Mehrungen und Minderungen von Eigenkapital umfassen im Detail jedoch bisweilen weitere, aber zum Teil auch weniger Positionen als selbst unter den nicht bereinigten lizenzrechtlichen Begriffen der UEFA zu verstehen ist, daher wird dieser Argumentation zwar weitgehend, aber nicht vollumfänglich gefolgt und die Bezeichnungen Einnahmen und Ausgaben in dieser Arbeit beibehalten. Welche Einnahmen und Ausgaben dabei als relevant gelten, welche nicht in die Break-even-Rechnung einbezogen werden und welche Anpassungen der Elemente erfolgen, definiert Anhang X des Reglements (UEFA 2018) in sehr ausführlicher Weise. Diese starke Detaillierung führt gleichzeitig dazu, dass die Break-even-Rechnung durchaus komplex ist (vgl. Szymanski 2014, S. 219 f.). Insbesondere bei der Ermittlung und Bewertung der relevanten Einnahmen muss das Personal der Klubs hohen Anforderungen gerecht werden (vgl. Küting und Strauß 2011, S. 70). Deutlich wird diese Problematik auch durch den Sachverhalt, dass die Break-even-Rechnung trotz ihrer zu einer GuV-Rechnung ähnlichen Systematik positiv ausfallen kann, obwohl ein bilanzieller Verlust verbucht wird (und umgekehrt). Allgemein lässt sich erkennen, dass die Regelungen vor allem bei den Ausgaben eine faktische Klassifizierung vornehmen nach „guten" beziehungsweise förderungswürdigen Aktivitäten (z. B. Infrastrukturprojekte, Nachwuchsförderung und sonstige gemeinwohlorientierte Projekte) sowie problematischen, weil riskanten, die finanzielle Stabilität gefährdende Aktivitäten (z. B. Spielertransfers), die womöglich noch über die Aufnahme von Fremdkapital finanziert werden (vgl. Galli et al. 2012, S. 198 sowie Weber 2012, S. 83 f.). Die förderungswürdigen Aktivitäten müssen nicht als relevante Ausgaben einberechnet werden und belasten so das Break-even-Ergebnis nicht. Damit ergeben sich trotz der starken Detaillierung des Reglements Möglichkeiten, das Break-even-Ergebnis durch bilanzpolitische Gestaltungsmaßnahmen zu verbessern. Beispielsweise können Personalausgaben für Juniorenspieler dem Nachwuchsbereich des Klubs zugerechnet werden. Als förderungswürdige Aktivität klassifiziert, müssten diese Ausgaben dann nicht als relevante Ausgabe gewertet werden, das Break-Even-Ergebnis würde sich erhöhen (vgl. UEFA 2018, Anhang X, Teil C Buchstabe g sowie Abschn. 3.3).

Hintergrundinformation

Durch die Vorgaben zu Umfang und Inhalt der verschiedenen Rechenwerke erfüllen die Vorschriften der UEFA zur Überprüfung der wirtschaftlichen Leistungsfähigkeit der Klubs die Funktion eines externen Rechnungswesens. Sie gleichen so einem rechnungslegungsbezogenen Mindeststandard, den die europäischen Erstligaklubs befolgen müssen, ohne dabei aus Vereinfachungsgründen auf UEFA-Weite Rechnungslegungsgrundsätze wie z. B. die IFRS zurückzugreifen. Insgesamt unterliegen die europäischen Erstligaklubs damit zusätzlichen Auskunftspflichten sowie lizenzrechtlichen Sonderregelungen,

die strenger als die gesetzlichen Berichtspflichten formuliert sind. Die Rechnungslegungs-
anforderungen der UEFA gegenüber den europäischen Erstligaklubs gehen damit über das
Maß ihrer gesetzlichen Pflichten hinaus (vgl. Weber 2012, S. 31 sowie Jäck und Meffert
2012, S. 332).

3.2   Zur wirtschaftlichen Einhaltung des finanziellen Fairplay

Im Rahmen des UEFA-Klub-Monitoring verläuft die Überprüfung und
Bewertung der Break-even-Rechnung sowie der zusätzlich geforderten
Informationen innerhalb von zwei Etappen. Nach der vorgeschriebenen, auf
internationalen Standards basierenden externen Wirtschaftsprüfung (vgl. UEFA
2018, Anhang V) folgen die verbandsinternen Verfahren der UEFA zur Überprüfung der wirtschaftlichen Leistungsfähigkeit und Einhaltung des finanziellen
Fairplay. Ähnlich wie im sonstigen Rahmen der UEFA-Klublizenzierung
formuliert die UEFA auch für das Klub-Monitoring Grundvoraussetzungen,
hier in Form von Negativ-Indikatoren, die nicht auftreten dürfen. Sie hält
allerdings zugleich heilende Tatbestände und aufweichende Sonderregelungen
bereit. Zentrales Element zur Beurteilung der Einhaltung des finanziellen Fairplay ist das aggregierte Break-even-Ergebnis für die Berichtsperioden T-2,
T-1 und T, das als Differenz der relevanten Einnahmen und relevanten Ausgaben für die Monitoring-Periode zu ermitteln ist, wobei ein Überschuss in den
Berichtsperioden T-3 und T-4 im Falle eines Defizits in den drei nachfolgenden
Monitoring-Perioden gegebenenfalls berücksichtigt werden darf. Relevante Einnahmen und Ausgaben von verbundenen Parteien müssen auf Markt- beziehungsweise Zeitwerte angepasst werden, um verdeckte Kapitalzuführungen von
Investoren über beispielsweise Sponsoring ebenso zu verhindern, wie verdeckte
Ausgabenreduzierungen über zu geringe Rechnungsbeträge von Verbundpartnern
für erhaltene Dienstleistungen (vgl. UEFA 2018, Art. 58 und 60 sowie zur
Beschreibung der Ermittlung des Break-Even-Ergebnisses Anhang X in UEFA
2018). Letzteres war im Fall von Manchester City ein zentraler Untersuchungs-
gegenstand (vgl. Abschn. 4.2.2).

▶ **Break-even-Defizit** Ein Klub weist in einer Berichtsperiode genau dann ein
Break-even-Defizit aus, wenn seine relevanten Ausgaben in dieser Periode größer
sind als seine relevanten Einnahmen. Die Summe der Break-even-Ergebnisse
aus den von der Monitoring-Periode erfassten Berichtsperioden T-2, T-1 und T

entspricht im Grundsatz dem aggregierten Break-even-Ergebnis (vgl. UEFA 2018, Art. 60).

Als sog. annehmbare Abweichung ist das maximal zulässige aggregierte Break-even-Defizit gemäß Art. 61 Nr. 2 seit UEFA (2010b) unverändert auf 5 Mio. € festgelegt. Wenn Beiträge von Anteilseignern und/oder verbundenen Parteien eine darüberhinausgehende Überschreitung vollständig decken, darf das aggregierte Break-even-Defizit bis zu einer Höhe von 30 Mio. € überschritten werden. Die ursprünglich ab der Saison 2018/2019 vorgesehene, weitere Absenkung der annehmbaren Abweichung unter 30 Mio. € (vgl. Art. 61 Nr. 2c in UEFA 2010b, 2012), wurde allerdings auf unbestimmte Zeit verschoben. In UEFA (2015b, 2018) findet sich in Art. 61 Nr. 2 lediglich noch der Hinweis, dass ein niedrigerer Betrag zu gegebener Zeit vom UEFA-Exekutivkomitee festgelegt werden kann (vgl. Tab. 3.1).

Aus dieser Übersicht folgt, dass die UEFA ein regelwidriges Finanzdoping mithilfe der Break-even-Vorschrift quantitativ bewertet als eine Kapitalzuführung

Tab. 3.1 Zulässige Überschreitung der annehmbaren Abweichung

Erlaubte Überschreitung X der annehmbaren Abweichung (sofern gedeckt)						
Monitoring-Verfahren in der Spielzeit	Höhe von X (Maximum)	Zu berücksichtigende Break-even-Ergebnisse der Geschäftsjahre				
		Grundsätzlich		Zusätzlich, wenn Defizit		
		T	T-1	T-2	T-3	T-4
2013/2014	45 Mio. €	2013	2012	–	–	–
2014/2015	45 Mio. €	2014	2013	2012	–	–
2015/2016	30 Mio. €	2015	2014	2013	2012	–
2016/2017	30 Mio. €	2016	2015	2014	2013	2012
2017/2018	30 Mio. €	2017	2016	2015	2014	2013
2018/2019	30 Mio. €	2018	2017	2016	2015	2014
2019/2020	30 Mio. €	2019	2018	2017	2016	2015
2020/2021	Vgl. einleitende Randnotiz in Kap. 3, die Finanzjahre 2020 und 2021 werden als eine Periode bewertet werden					

zum Ausgleich von Verlusten in Höhe von mehr als 15 Mio. € pro Jahr (bis zur Spielzeit 2014/2015) beziehungsweise in Höhe von mehr als 10 Mio. € pro Jahr (ab der Spielzeit 2015/2016) im 3-Jahres-Durchschnitt. Außerdem versucht sie mithilfe der relevanten Elemente der Break-even-Rechnung eine Normierung aufzustellen. Die Klubs sollen geringere fußballbezogene Ausgaben verursachen, als sie fußballbezogene Einnahmen generieren können (vgl. Galli et al. 2012, S. 198 sowie Hierl und Weiß 2015, S. 213). Zweifel an der Wirksamkeit dieser Normierungen werden nicht erst seit den relativ offen kolportierten Gestaltungen des Klubs Paris Saint Germain bei den Rekordtransfers von Neymar und Mbappe vorgebracht (vgl. Abschn. 4.2.3).

Ungeachtet dessen berücksichtigt die Finanzkontrollkammer für Klubs (FKKK) im Falle von Verstößen gegen die Monitoring-Vorschriften bei der Entscheidung über das Strafmaß weitere Faktoren. So wirken sich beispielsweise eine positive Ausprägung des Trends des Break-even-Ergebnisses, eine Verbesserung des erwarteten Break-even-Ergebnisses unter Einbezug der Periode T+1, ein kapitaldienstfähiger Schuldenstand sowie eine (freiwillige) Kaderbegrenzung positiv aus. Zusätzlich werden beispielsweise auch Sachverhalte von höherer Gewalt sowie wesentliche unvorhergesehene Änderungen im Wirtschaftsumfeld berücksichtigt (vgl. UEFA 2018, Art. 68 in Verbindung mit Anhang XI). Mit der Ausgabe 2015 der FFP-Regularien wurde Art. 57 Nr. 5 neu geschaffen (vgl. UEFA 2012, 2015b, 2018). In Verbindung mit Anhang XII ist seitdem auch eine freiwillige Vereinbarung der Klubs mit der FKKK „mit dem Ziel der Einhaltung der Break-Even-Vorschrift" (UEFA 2018, Anhang XII Teil A Nr. 1) möglich. Diese Vereinbarung enthält individuell auf die Lage der Klubs zugeschnittene, strukturierte Verpflichtungen. Neben weiteren Voraussetzungen muss ein beantragender Klub „eine unwiderrufliche Verpflichtung von Anteilseignern und/oder verbundenen Parteien zur Leistung von Beiträgen einreichen, die mindestens dem aggregierten Break-Even-Defizit für alle von der freiwilligen Vereinbarung abgedeckten Berichtsperioden entsprechen" (UEFA 2018, Anhang XII Teil B Nr. 2c). Sofern Schalke 04 nach einem Rechtsformwechsel zur Ermöglichung eines Investoreneinstiegs einen Wiederaufstieg in die erste Bundesliga plant und sich anschließend zumindest für die UEFA Europa League qualifizieren möchte, könnte der Abschluss einer solchen freiwilligen Vereinbarung zielführend sein. Die Untersuchungskammer der UEFA-FKKK müsste einer solchen Vereinbarung und damit quasi der Genehmigung eines vorübergehend sehr hohen Break-Even-Defizits allerdings nicht zustimmen (vgl. UEFA 2018, Anhang XII Teil B Nr. 3).

3.3   Skizzierung der Break-Even-Ergebnisermittlung

Nachfolgend erfolgt ein **Überblick zur Ermittlung des Break-Even-Ergebnisses,** der zentralen Kennzahl im Hinblick auf die Erfüllung des UEFA-Monitoring (vgl. UEFA 2018, Anhang X).

Zusammensetzung der **relevanten Einnahmen:**

* Eintrittsgelder (z. B. Ticketerlöse, aber auch Mitgliedsbeiträge)
* Sponsoring und Werbung (z. B. Banden- und Trikotwerbung)
* Übertragungsrechte (z. B. Fernsehgelder)
* Kommerzielle Aktivitäten (z. B. Merchandising)
* Preisgelder oder Solidaritätsbeiträge von der UEFA (für z. B. CL-Teilnahme)
* Sonstige betriebliche Erträge (z. B. Miete, Dividenden, Subventionen)
* Ertrag oder Gewinn aus der Veräußerung von Spielerregistrierungen (je nach Buchung der korrespondierenden Ausgabenposition)
* Gewinn aus der Veräußerung von Sachanlagen (z. B. Stadionverkauf)
* Finanzerträge (z. B. aus Geldanlage)

Die **relevanten Einnahmen** sind unter anderem dann **nach unten anzupassen,** wenn Einnahmen durch eine Transaktion mit einer **verbundenen Partei** zustande kamen, die **höher bewertet wurden als zum objektivierten Markt- beziehungsweise Zeitwert** (umgekehrt ist eine niedrigere Bewertung nicht zulässig). Wenn ein Klub für ein Trikotsponsoring beispielsweise 100 Mio. € pro Jahr erhält, marktüblich aber eher nur 10 Mio. € wären, dann müsste die entsprechende relevante Einnahme um 90 Mio. € auf 10 Mio. € gekürzt werden.

▶ **Definition** Eine **verbundene Partei** ist gemäß UEFA (2018, Anhang X, Teil F Nr. 1) „eine Person oder ein Unternehmen, das mit dem Unternehmen, das seinen Jahresabschluss erstellt (dem „berichtenden Unternehmen") verbunden ist". Dabei ist die Substanz der Beziehung und nicht allein das Rechtskonstrukt (in der deutschen Übersetzung des FFP-Regelwerks wird fälschlicherweise von „Rechts- form" gesprochen) relevant.

Ein **Geschäftsvorfall mit verbundenen Parteien** „ist eine Übertragung von Ressourcen, Dienstleistungen oder Verpflichtungen zwischen verbundenen Parteien, unabhängig davon, ob dafür ein Entgelt in Rechnung gestellt wurde" (UEFA 2018, Anhang X, Teil F Nr. 4).

In Hierl und Weiß (2015, S. 218) wird dazu kritisch Stellung genommen:

„Die zentrale Herausforderung wird wohl allerdings in der Anwendungspraxis darin bestehen, die mit Fußballklubs jeweils „verbundenen Parteien" sowie die mit diesen getätigten Geschäftsvorfälle zunächst überhaupt zu identifizieren. Gerade in der englischen Liga sind die Konzernstrukturen zum Teil hoch komplex und die Menge der Geschäftsvorfälle zahlreich. Anschließend gilt es vonseiten der UEFA, einen fairen Zeitwert für diese Transaktionen im internationalen Vergleich zu finden. Konkret abstrahiert könnte es beispielsweise sein, dass ein Freund eines bekannten Fußballeigners über mehrere Unternehmen und über Konzernhierarchien verteilt tausende von (überhöhten) Rechnungen für (vermeintliche) Hospitality-Leistungen an den Klub bezahlt. Kann dieser Sachverhalt insgesamt erkannt und bewertet werden? Und mit welchem Wert als relevante Einnahme soll das Trikotsponsoring desselben Freundes an den Klub in die Break-Even-Rechnung einfließen, wenn der Betrag 1, 10, 50, 100 oder sogar 500 Mio. € pro Jahr beträgt? Von vorschnell gewählten Durchschnittswerten einer zu definierenden Peer Group wird an dieser Stelle abgeraten, da dies bereits im Ansatz als ungeeignet erscheint. Die mathematische Bildung eines Durchschnittswerts bedingt, dass im Regelfall nach oben und nach unten (auch stärker) abweichende Ergebnisausprägungen vorhanden und zu tolerieren sind."

Zusammensetzung der **relevanten Ausgaben:**

- Materialaufwand (z. B. für Catering und Ausrüstung)
- Personalaufwand (inklusive Sozialversicherungsbeiträge)
- Sonstige betriebliche Aufwendungen (z. B. für Miete)
- Aufwand oder Verlust aus der Veräußerung von Spielerregistrierungen (je nach Buchung der korrespondierenden Einnahmenposition)
- Finanzaufwendungen inklusive Dividenden (z. B. Ausschüttung an Eigentümer)

Die **relevanten Ausgaben** sind unter anderem dann **nach oben anzupassen,** wenn Ausgaben durch eine Transaktion mit einer **verbundenen Partei** zustande kamen, die **niedriger bewertet** wurden als **zum objektivierten Markt- beziehungsweise Zeitwert** (umgekehrt ist eine niedrigere Bewertung nicht zulässig). Wenn ein Klub für eine Stadionmiete beispielsweise 1 Mio. € pro Jahr zahlen musste, marktüblich aber eher 10 Mio. € gewesen wären, dann müsste die entsprechende relevante Ausgabe um 9 Mio. € auf 10 Mio. € erhöht werden.

Im Hinblick auf die Gestaltung des Break-Even-Ergebnisses ist es für manche Klubs höchst interessant beziehungsweise im Hinblick auf die Einhaltung der Break-Even-Regel wichtig, dass **manche Ausgaben** von der UEFA als **förderungswürdig** angesehen werden und daher **nicht relevant** sind als Ausgabe im Rahmen der **Break-Even-Ermittlung.** Darunter gehören beispielsweise

die Ausgaben für die Nachwuchsförderung (z. B. Ausbildungsprogramme, Talent-
sichtung), die Ausgaben für gemeinwohlorientierte Projekte (z. B. Bildungs-
förderung, Armutsbekämpfung) sowie die Ausgaben für den Frauenfußball
(inklusive Spielergehälter). Auch der „Aufwand für wertvermehrende
Investitionen" (UEFA 2018, Anhang X, Teil A Nr. 2l), der erst seit der Ausgabe
2015 im FFP-Regelwerk enthalten ist, ist nicht relevant für die Break-Even-
Ermittlung. Im Unterschied zu den anderen, teilweise detailliert beschriebenen
Ausgabenpositionen ist im Teil C nicht erklärt, was darunter zu verstehen ist und
bietet so einen beliebig gestaltbaren Freiraum für Interpretationen. Handelt es
sich bei Neymar nicht auch um eine wertvermehrende Investition aus Sicht von
Paris Saint Germain? Dass es manchmal in der Tat viel zu einfach ist, eine Lücke
des FFP-Regelwerks auszunutzen, wird Abschn. 4.2.3 (bedauerlicherweise) noch
zeigen (Stichwort verpasste 10-Tagesfrist gemäß UEFA 2019, Art. 16 Nr. 1).

Geahndete Verstöße 4

4.1 Ligabezogener Überblick zu Sanktionsentscheidungen

Wie bereits in Abschn. 3.1 hingewiesen, ist die für die Überprüfung des UEFA-Klub-Monitoring zuständige Finanzkontrollkammer für Klubs (FKKK) in eine Untersuchungskammer und eine rechtsprechende Kammer unterteilt. Der FKKK-Chefermittler leitet die Untersuchungskammer und ist gemäß UEFA (2019, Art. 12) für die Ausführung des Monitoring- und Ermittlungsverfahrens zuständig. Sind die Ermittlungen des FKKK-Chefermittlers abgeschlossen, kann die Untersuchungskammer gemäß UEFA (2019, Art. 14 Nr. 1) das Verfahren einstellen, Disziplinarmaßnahmen verhängen, eine Vergleichsvereinbarung mit dem beklagten Klub eingehen oder den Fall an die rechtsprechende Kammer verweisen. Sollte es zur letzten Option kommen, **entscheidet die rechtsprechende Kammer** gemäß UEFA (2019, Art. 27, 31 und 33) **endgültig** über den an sie verwiesenen Fall. Solche Verfahren leitet dabei der FKKK-Vorsitzende, dem ebenfalls die Leitung und Überwachung der rechtsprechenden Kammer obliegt (vgl. UEFA 2019, Art. 19 Nr. 2). Als Entscheidungsoptionen kann das jeweilige Verfahren eingestellt, die hinterfragte Zulassung des Klubs zum entsprechenden UEFA-Klubwettbewerb genehmigt oder abgelehnt, Disziplinarmaßnahmen verhängt oder eine vorangehende Entscheidung des FKKK-Chefermittlers bestätigt, aufgehoben oder abgeändert werden (vgl. UEFA 2019, Art. 27). Gemäß UEFA (2019, Art. 34 Nr. 2) können vermeintlich endgültige Entscheidungen **angefochten werden,** allerdings nur vor dem Internationalen **Sportgerichtshof** Tribunal Arbitral du Sport (**TAS,** französisch) beziehungsweise Court of Arbitration for Sport (**CAS,** englisch) im schweizerischen Lausanne.

© Springer Fachmedien Wiesbaden GmbH, ein Teil von Springer Nature 2021
L. Hierl und K. Köppen, *Financial Fairplay im Profifußball,* essentials,
https://doi.org/10.1007/978-3-658-35622-4_4

Seit Beginn der Spielzeit 2014/2015 ist die Einhaltung der Break-even-Vorschrift obligatorisch und wird im Falle einer festgestellten Verletzung sanktioniert. Die UEFA veröffentlichte bis Ende 2017 insgesamt 54 Entscheidungen der Untersuchungs- und der rechtsprechenden Kammer auf ihrer Verbandshomepage (vgl. UEFA 2021b). Bis Ende 2020 sind weitere 25 Entscheidungen hinzugekommen (in Summe sind es nun 79, unter den aktuellsten drei sind mit OSC Lille und FC Porto wohl die beiden bekanntesten Klubs), die allerdings bei der nachfolgenden Detaillierung nicht berücksichtigt werden konnten. Sanktionen in Form verschiedener Maßnahmen wurden in 43 Fällen verhängt, die sich durch den Abschluss von 28 Vergleichsvereinbarungen und 15 endgültigen Entscheidungen der rechtsprechenden Kammer ausdrücken. Am häufigsten waren von solchen Sanktionen Klubs aus der Türkei, Russland und Rumänien betroffen (vgl. Abb. 4.1). Die Klubs aus den Top5-Ligen (Deutschland, England, Spanien, Frankreich, Italien) wurden hingegen nur in sechs Fällen bestraft, indem mit ihnen Vergleichsvereinbarungen geschlossen wurden.

Von der Teilnahme an den UEFA-Klubwettbewerben sind bis 2017 insgesamt 13 Klubs ausgeschlossen worden, wobei Mehrfachausschlüsse eines Klubs möglich sind. Insgesamt beinhalteten diese Ausschlüsse 36 Spielzeiten, im Schnitt also fast 3 Spielzeiten pro Entscheidung. Am häufigsten waren Klubs aus Rumänien, Serbien, der Türkei und Russland von etwaigen Entscheidungen betroffen, wobei die Klubs aus Rumänien mit 9 Spielzeiten am längsten von einer Teilnahme absehen mussten (vgl. Abb. 4.2).

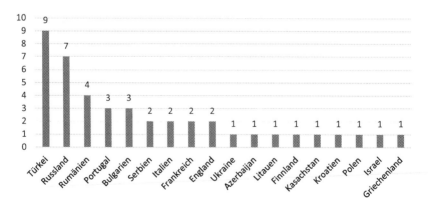

Abb. 4.1 Anzahl der Sanktions-Entscheidungen der FKKK nach Land (bis 2017)

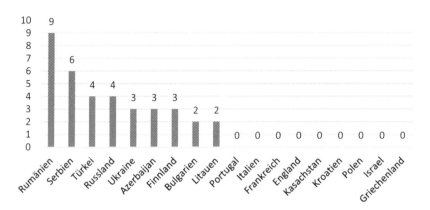

Abb. 4.2 Anzahl an Spielzeiten mit Wettbewerbsausschlüssen je Liga (bis 2017)

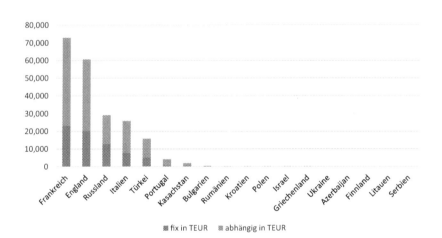

■ fix in TEUR   ▨ abhängig in TEUR

Abb. 4.3 Fixe und variable Strafzahlungen in Tausend Euro je Liga (bis 2017)

In 37 Fällen wurden Strafzahlungen verhängt (vgl. Abb. 4.3). Auch hier sind durch die gefallenen Entscheidungen am häufigsten Klubs aus der Türkei, Russland und Rumänien sanktioniert worden. Werden die Vereinbarungen der Vergleiche nicht eingehalten, hätten die Klubs im „worst case" zum Stand Mitte 2018 insgesamt 212,5 Mio. € zu zahlen. Jene verhängten Strafzahlungen, die in jedem Fall bezahlt werden müssen, beziffern sich hingegen auf nur insgesamt

72,1 Mio. €, also knapp 34 % der möglichen Gesamtsumme. Die restlichen
140,4 Mio. € bleiben von der Einhaltung der Vergleichsvereinbarungen abhängig.
Rund 66 % der verhängten Strafzahlungen könnten also entfallen. Davon wurden
bereits 82,4 Mio. € wieder aufgelöst, insbesondere durch die Neubewertung in
den Fällen von Paris Saint Germain und Manchester City mit je 40 Mio. €. Trotzdem müssen von den fixen Strafzahlungen Klubs aus Frankreich (23 Mio. €),
England (20,3 Mio. €) und Russland (12,7 Mio. €) die insgesamt größten
Summen tragen. Anders als bei den Wettbewerbsausschlüssen sind die Klubs der
Top5-Ligen hier also am stärksten betroffen.

Zusätzlich zu den Strafzahlungen mussten die betroffenen Klubs in 14 Fällen
die Kosten des Verfahrens tragen. Insgesamt beziffern sich diese bisher auf
38.500 € beziehungsweise im Durchschnitt 2.750 € je Verfahren. Beträge, die in
Bezug auf das Ausmaß ihrer Wirkung gegenüber den europäischen Erstligaklubs
selbst in kleineren Ligen vernachlässigt werden können. Anders ist die Wirkung
der Eingrenzung von Spielerkadergrößen für die UEFA-Klubwettbewerbe zu
bewerten. In 17 Fällen wurden durch Vergleichsvereinbarungen Beschränkungen
beschlossen, die sich auf insgesamt 39 Spielzeiten auswirkten. Am stärksten
waren hier wiederum Klubs aus der Türkei, Russland und Italien betroffen (vgl.
Abb. 4.4).

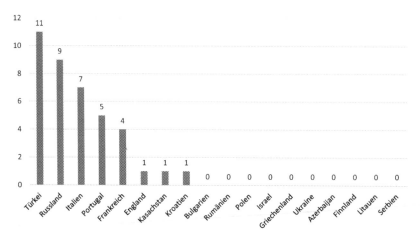

Abb. 4.4 Anzahl an Spielzeiten mit Eingrenzung von Spielerkadergrößen je Liga (bis
2017)

4.2 Gesonderte Einzelfallbetrachtungen

Nachfolgend werden einige Fallbeispiele detaillierter untersucht, die in der Medienberichterstattung wohl von vielen Fußballinteressierten mit hohem Interesse verfolgt wurden.

4.2.1 RB Leipzig

Die RasenBallsport Leipzig GmbH war bereits mehrfach Gegenstand von kritischen Analysen und Berichterstattungen in Zusammenhang mit Financial Fairplay (vgl. Kroemer 2017a, b sowie o. V. 2020).

Weil die GuV-Ergebnisse des Fußballunternehmens bis heute stets positiv ausgewiesen werden konnten und sich so das Eigenkapital seit der zum 01.07.2014 erfolgten Ausgründung auch ohne weitere Einlagen des Investors Mateschitz stets vermehrt hat, blieb hinsichtlich der Financial-Fairplay-Regularien zunächst lediglich die Frage nach der Marktüblichkeit der Sponsoringbeziehung zwischen Red Bull und RB Leipzig offen. Sofern die UEFA ein überhöhtes Sponsoring attestiert und die entsprechenden Einnahmen auf einen marktüblichen Wert reduziert hätte, wäre es möglich gewesen, dass die zulässige Verlustobergrenze von 30 Mio. € für einen dreijährigen Monitoringzeitraum überschritten worden wäre. Weil bis heute kein diesbezügliches, öffentlich zugängliches Untersuchungsergebnis vorliegt, scheint die FKKK dies nicht beanstandet zu haben (vgl. Kroemer 2017a).

Im Mai 2017 qualifizierten sich die beiden vom österreichischen Red Bull-Konzern unterstützten Klubs RB Leipzig und FC Red Bull Salzburg für die UEFA Champions League. Um die Integrität des Wettbewerbs bei einem eventuellen direkten Duell zu wahren und mögliche Compliance-Verstöße zu prüfen, untersuchte die FKKK diesen Fall. Mit Urteil vom 16.06.2017 (vgl. Club Financial Control Body 2017) wurde bestätigt, dass sich die beiden Klubs und der Getränkekonzern zwischenzeitlich personell und administrativ hinreichend entflochten hatten, sodass nicht länger davon auszugehen war, dass entweder ein Klub auf den anderen oder Red Bull auf beide Klubs einen maßgeblichen Einfluss ausüben kann. Zu ergänzen ist einerseits, dass die Red Bull GmbH zwar gemäß entsprechenden Unternehmensregisterauszügen Anteilseigner der RasenBallsport Leipzig GmbH (99 % der Kapitalanteile, aber Stimmrechte knapp unter 50 %), nicht aber der sich zu 100 % im Vereinsbesitz befindenden FC Red Bull Salzburg GmbH ist. Andererseits standen sich die beiden Klubs Ende 2018 tatsächlich in einem UEFA-Wettbewerb gegenüber. In der Gruppenphase der

Europa League gewann Salzburg durchaus überraschend sowohl knapp das Hin-, als auch das Rückspiel.

Die Red Bull GmbH hat als Anteilseigner dem Fußballklub zunächst nur das Mindesteigenkapital gemäß Lizenzordnung in Höhe von 2,5 Mio. € zur Verfügung gestellt. Zur Erreichung von sportlichem Erfolg sind allerdings gute Fußballspieler erforderlich, die hohe Ablöse- und Gehaltszahlungen bedingen. Da diese über Gesellschafterdarlehen finanziert wurden, wuchsen die Schulden des Klubs gegenüber dem zweiten Anteilseigentümer (neben dem Verein) im Zeitverlauf bedenklich. Im Geschäftsjahr 2018/2019 kam es dann zu einer nachträglichen Eigenkapitalstärkung, Fremdkapital wurde liquiditätsneutral in Kapitalrücklagen umgewidmet. Die Reduktion der Schulden von etwa 186 auf 86 Mio. € war „sehr elegant und rechtskonform" (Hierl zitiert nach unter anderem o. V. 2020). Mangels eines Break-Even-Defizits ist auch dieser Vorgang im Hinblick auf das FFP-Regelwerk unbedenklich. Bei darüber hinausgehenden Bedenken müsste beispielsweise auch der Einstieg der Allianz als Anteilseigner der FC Bayern München AG für etwa 110 Mio. € anders bewertet werden.

4.2.2 Manchester City

Wegen zu hoher Break-Even-Defizite nach einer von der FKKK vorgenommenen Abwertung von Sponsoringeinnahmen von verbundenen Parteien aufgrund von zu hohen, nicht marktüblichen Bewertungen kam es bereits in 2014 zu einer Vergleichsvereinbarung zwischen der UEFA und Manchester City. Ähnlich dem Strafmaß von PSG wurde auch bei Manchester City eine vermeintlich hohe Strafzahlung sowie eine Kader- und Transferbegrenzung vereinbart. Die konkreten Zahlen werden bis heute vertraulich behandelt, das CAS hält in seinem Urteil beispielsweise das damalige, aggregierte Break-Even-Defizit mit „*of EUR [xxx]"* (CAS 2020, S. 6) weiter verdeckt.

Nach zwischenzeitlichen Football-Leaks-Enthüllungen hat die FKKK weitere Untersuchungen eingeleitet und unter anderem Sponsorengelder an Marktpreise angepasst. Aufgrund der dadurch entstandenen Break-Even-Defizite sowie einer Nichtmitwirkung bei den Ermittlungen hatte die rechtsprechende Kammer innerhalb der FKKK den Klub mit einer Geldbuße in Höhe von 30 Mio. € sowie einem Wettbewerbsausschluss über zwei Spielzeiten (2020/2021 und 2021/2022) sanktioniert. Dagegen hatte der Klub Einspruch beim Spotgerichtshof eingelegt und am 13.07.2020 in weiten Teilen Recht zuerkannt bekommen. Alle Vorgänge vor dem 15.04.2014 wurden vom CAS als zwischenzeitlich verjährt bewertet. Aber auch bei den nicht verjährten Zahlungen mit offensichtlichen Gestaltungs-

und Verschleierungszielen folgte das Gericht der Argumentation der UEFA und des Whistleblowers nicht. Weitgehend nur wegen einer fehlenden Mitwirkung erfolgte eine Verurteilung zur Zahlung einer Strafe in Höhe von 10 Mio. € (vgl. CAS 2020, S. 93).

Der UEFA blieb nichts Anderes übrig, als die Entscheidung des Schiedsgerichts des Sports zur Kenntnis zu nehmen, „die von der unabhängigen UEFA-Finanzkontrollkammer für Klubs verhängten Sanktionen gegen Manchester City wegen mutmaßlicher Verstöße gegen das UEFA-Reglement zur Klublizenzierung und zum finanziellen Fairplay zu reduzieren. Sie nimmt weiterhin zur Kenntnis, dass die TAS-Kammer keine ausreichenden schlüssigen Nachweise finden konnte, um alle Entscheidungen der FKKK in diesem spezifischen Fall aufrechtzuerhalten, und dass zahlreiche der mutmaßlichen Verstöße aufgrund der im UEFA-Reglement vorgesehenen Fünf-Jahres-Frist verjährt sind. In den letzten Jahren hat das finanzielle Fairplay eine wichtige Rolle dabei gespielt, Klubs zu schützen und ihnen zu helfen, finanziell tragfähig zu werden. Die UEFA und die ECA bleiben weiterhin ihren Grundsätzen verpflichtet. Die UEFA wird in dieser Angelegenheit keine weitere Stellungnahme abgeben" (UEFA 2020c). Bildlich gesprochen zieht sich die UEFA somit in ihre Höhle (Geldspeicher) zurück und wartet, bis das Gewitter (Kritik) abgeklungen ist, anstelle sich zumindest für breitere Diskussionen zu öffnen.

4.2.3 Paris Saint Germain

Financial Fairplay: La Catastrophe – la partie 1

Der Emir von Katar übernahm 2007 den französischen Klub Paris Saint Germain (PSG). Neben einem Eigenkapitalinvestment in Höhe von 527 Mio. € kamen von katarischen Sponsoren in den folgenden sieben Jahre laufende Einnahmen für den Klub in Höhe von etwa 1.358 Mio. € hinzu. Ohne diese Sponsorenzahlungen wären die Einnahmen des Klubs deutlich geringer ausgefallen, das Break-Even-Defizit wäre sehr hoch gewesen. Wie Football Leaks-Recherchen zeigen (vgl. Spiegel 2018 sowie NDR 2018), waren diese Sponsorenverträge zudem nicht marktüblich, sondern erheblich überbewertet. Die UEFA hat dies ebenso gesehen, 2014 Sponsoren von PSG als verwandte Parteien eingestuft und einige der Verträge als überbewertet bezeichnet. Der Spiegel stellt dazu fest: „Wir können belegen, dass Gianni Infantino, der damalige Uefa-Generalsekretär, den Klubs geholfen hat, harte Sanktionen zu vermeiden und ein Settlement zu erzielen" (Spiegel 2018). Es kam dann auch tatsächlich zu einer Einigung. Es wurde vereinbart, dass PSG in der Saison 2014/2015 nur 21 statt 25 Spieler in der Königs-klasse einsetzen durfte und eine temporäre Gehaltsobergrenze einhalten musste. Sofern der Klub sich künftig sparsamer und regelkonformer verhalten würde, würden von der Geldstrafe in Höhe von 60 Mio. € 40 Mio. € zurückerstattet werden. Dass dieser Deal nicht innerhalb der regulären Verfahrenswege ver-handelt wurde und nicht die Zustimmung des (wohl übergangenen) Vorsitzenden der Ermittlungskammer fand, zeigt sein Rücktritt, als ihm dieser Deal zur Unter-schrift vorgelegt wurde (vgl. NDR 2018).

Financial Fairplay: La Catastrophe – la partie 2

Nach der Saison 2016/2017 wechselte Neymar für 222 Mio. € vom FC Barcelona zu PSG, eine bis dahin unvorstellbar hohe Ablösesumme. Nur kurze Zeit später legte PSG am letzten Tag des Transferfensters nach und lieh sich den 18-jährigen Mbappé vom AS Monaco zunächst für ein Jahr – inklusive 180 Mio. € teurer Kaufoption (bezahlt wurden später dann wohl 135 Mio. €). Die gesamte Fußballwelt stellte sich anschließend (durchaus auch neidvoll) die Frage, wie das mit Financial Fairplay vereinbar sei, schließlich schien es Paris bis dahin eher immer nur knapp zu schaffen, innerhalb der zulässigen Break-Even-Defizitgrenze zu bleiben. Erste Gestaltungsüberlegungen gingen in die Richtung, dass dieser Vorgang außerhalb der Bücher von PSG abgewickelt wurde, schließlich war es wohl nach spanischem Recht möglich, dass Neymar die vereinbarte Ablöse-summe selbst hinterlegen konnte. Im Gegenzug wurde vermutet, dass er für eine „Nebentätigkeit" als Botschafter für die WM in Katar 2022 bis zu 300 Mio. € erhalten könnte.

Zwischenzeitlich liegt der Jahresabschluss per 30.06.2018 vor und PSG scheint die Neymar-Ablösesumme tatsächlich bezahlt und aktiviert zu haben, der Wert des immateriellen Spielervermögens stieg von 186 Mio. € (30.06.2017) auf 410 Mio. € (30.06.2018). Die Finanzierung erfolgte wohl über eine Kapital-erhöhung der Anteilseigner. Der Wert des „gezeichneten" Kapitals (dies ist fach-begrifflich nicht ganz korrekt) stieg von 24 Mio. € (30.06.2017) auf 340 Mio. € (30.06.2018). Der Cash-Bestand erhöhte sich im Übrigen auf Jahressicht von 76 Mio. € (30.06.2017) auf 101 Mio. € (30.06.2018). Des Weiteren erhöhten sich die Forderungen von 165 Mio. € (30.06.2017) auf 285 Mio. € (30.06.2018). Eventuell hatten die Anteilseigner noch nicht die gesamte Kapitalerhöhung ein-gezahlt. Im Hinblick auf ein eventuelles Break-Even-Defizit ist interessant, dass das eigenkapitalmehrende GuV-Ergebnis mit +39 Mio. € zwar positiv zu sein scheint, aber dieses Ergebnis durch außerordentliche Erträge aus nicht unmittel-bar nachvollziehbaren Kapitaltätigkeiten in Höhe von +161 Mio. € erheblich positiv verzerrt wird. Ohne diese +161 Mio. € würde das GuV-Ergebnis −122 Mio. € betragen.

Die UEFA hatte nicht zuletzt aufgrund eines enormen öffentlichen Drucks eine Untersuchung eingeleitet. Nach einem ersten Vergleich sollte der Fall wohl nochmals genauer betrachtet werden. Letztlich blieb es aber dabei, dass der französische Serienmeister lediglich gewisse Vorgaben bezüglich Transferaktivitäten mit gewissen Mindesteinnahmen einhalten musste. Der Sportgerichtshof (CAS) hat am 19.03.2019 entschieden, dass die UEFA weitere Untersuchungen gegen PSG bezüglich möglicher Verstöße gegen das Financial Fairplay einstellen muss. Nicht, weil vonseiten PSG keine Rechtsverfehlung vorlag. In der Urteilsbegründung des CAS steht, dass „Article 16 (1) provided for a 10-day review period during which any review should be instigated and completed and that the Challenged Decision was manifestly late" (CAS 2019a). In der Tat hätte der FKKK-Vorsitzende gemäß Art. 16 Nr. 1 der Verfahrensregeln für die UEFA-FKKK (vgl. UEFA 2019) nach Mitteilung einer Entscheidung der rechtsprechenden Kammer nur zehn Tage nach Mitteilung Zeit gehabt, eine Änderung des Vergleichs zu prüfen. Aber hat das zumindest im Hinblick auf das mediale Interesse größte (oder neben Manchester City zweitgrößte) FFP-Verfahren so einen Abschluss verdient? Eine verstrichene Zehntagesfrist als Hemmnis für die Zulässigkeit von weiteren Untersuchungen? Die These, dass diese Regelungslücke innerhalb der UEFA erkannt und der Verfahrensablauf entsprechend inszeniert wurde, erscheint zumindest nicht vollständig abwegig zu sein.

Wenn PSG beispielsweise behauptet hätte, dass es sich bei Neymar um eine wertvermehrende Investition gehandelt hat, die gemäß den Ausführungen in Abschn. 3.3 bei der Ausgabenermittlung unberücksichtigt bleiben darf, wäre wenigstens etwas Spannung erhalten geblieben. Das Verfahrensergebnis hätte sich wohl (leider) nicht verändert (vgl. die desillusionierenden Football Leaks-Enthüllungen in Teil 1), es wäre aber zumindest weniger peinlich für die UEFA beziehungsweise weniger unverständlich für die Öffentlichkeit gewesen. Dies soll jedoch nicht als Handlungsempfehlung für zukünftige, ähnliche Fälle missverstanden werden.

4.2.4 AC Mailand

Im Juni 2018 wurde der AC Mailand von der UEFA-FKKK wegen erheblicher Verstöße gegen das Financial Fairplay-Reglement in der Monitoring-Periode 2015/2016/2017 für das nächstfolgende Europapokaljahr ausgeschlossen, für das es sich qualifizieren würde (2018/2019 oder 2019/2020). Nach einer Anfechtung dieses Urteils vor dem Sportgerichtshof hat das CAS dem Einspruch im Juli 2018 stattgegeben und eine Neubewertung der Umstände im vorliegenden Fall durch die FKKK angeregt. Der AC Mailand durfte in der Saison 2018/2019 doch an der UEFA Europa League teilnehmen.

Nach mehreren weiteren Verfahrensschritten, die bei CAS (2019b) genauer beschrieben und teilweise quantifiziert sind (FFP-Verstoß aufgrund eines Transferminus in Höhe von 121 Mio. € über der annehmbaren Abweichung in Höhe von 30 Mio. €, das heißt in Summe 151 Mio. €), kam es letztlich zu nachfolgendem Vergleich: „AC Milan is excluded from participating in the UEFA Club Competitions of the sporting season 2019/2020 as a consequence of the breach of its FFP break-even obligations during the 2015/2016/2017 and the 2016/2017/2018 monitoring periods" (CAS 2019b, S. 4). Der AC Mailand belegte in der Saison 2018/2019 Platz fünf und hätte sich somit sportlich für die UEFA Europa League 2019/2020 qualifiziert. Mit dem CAS-Verfahrensvergleichsurteil vom 28.06.2019 wurde der AC Mailand von der Teilnahme an der Europa League ausgeschlossen.

Der AC Mailand ist somit wohl der bekannteste beziehungsweise renommierteste Klub, der tatsächlich wirksam von der Teilnahme an einem UEFA-Wettbewerb ausgeschlossen wurde. Bei Manchester City und Paris Saint Germain gelang dies (noch) nicht.

Limitationen und Reformoptionen 5

5.1 Bestandsaufnahme

Wie bei den Trendthemenfeldern Umweltschutz und Nachhaltigkeit fällt es bei dem Begriff Financial Fairplay zunächst schwer, diese UEFA-Initiative nicht für im Grundsatz begrüßenswert zu befinden. Die Fußball-Weisheit, dass Geld keine Tore schießt, scheint in der Neuzeit nur noch bedingt zutreffend zu sein. Wenn sich allerdings hohe Ausgaben annahmegemäß in zunehmenden Maße positiv auf den sportlichen Erfolg auswirken, liegt es nahe, das ökonomisch rationale Handeln in der praktischen Anwendung im Klubmanagement geringer zu gewichten. An dieser Stelle möchte die UEFA mit den Monitoring-Vorschriften als Korrektiv ansetzen und die Klubs zu finanziell nachhaltigem Management anhalten. Hohe Ausgaben sollen nur dann getätigt werden können, wenn ihnen korrespondierend hohe Einnahmen aus dem operativen Geschäftsbereich gegenüberstehen. Die bewusste Inkaufnahme von hohen Verlusten bei einer Gewissheit, dass diese von kapitalkräftigen Investoren oder Mäzenen im Bedarfsfall ausgeglichen werden, soll verhindert oder zumindest im Ausmaß begrenzt werden (vgl. Hierl und Weiß 2015, S. 217).

Die dem FFP bereits früher attestierten Regelungslücken scheinen allerdings bis heute nicht hinreichend geschlossen worden zu sein (vgl. Hierl und Weiß 2015, S. 218):

- Bewertung der eingereichten Unterlagen: Können relevante und nicht relevante, angemessene und nicht angemessene Einnahmen und Ausgaben sowie fußballerische von nicht fußballerischen Tätigkeiten zweifelsfrei abgegrenzt werden? Eine Abgrenzung der Einnahmen von „verbundenen Parteien" im Fall von Manchester City wäre der UEFA ohne die sog.

L. Hierl und K. Köppen, *Financial Fairplay im Profifußball*, essentials,
https://doi.org/10.1007/978-3-658-35622-4_5

Football-Leaks-Dokumente (vgl. Buschmann und Winterbach 2019) wohl kaum gelungen, wenngleich die grundsätzliche Problematik von solchen Gestaltungs- und Umgehungsmöglichkeiten keinesfalls neu war (vgl. Hierl und Weiß 2015, S. 218) und vor allem auch weiter fortbesteht (sic!).

- Strafmaßnahmen bei Verstößen: Welche Strafen werden in welchem Fall ausgesprochen? Anders als etwa beim Bußgeldkatalog in der Straßenverkehrsordnung ist bei der UEFA nicht eindeutig geregelt, wann welches Strafmaß anzuwenden ist. Nicht nur dieser Bereich scheint (weiter) einer individuellen, subjektiv geprägten Einschätzung der Mitglieder der UEFA-Finanzkontrollkammer für Klubs vorbehalten zu sein. Die nebulöse und intransparente Grundeinstellung der UEFA, „If a club is not in line with the regulations, it will be UEFA's Club Financial Control Body that decides on measures and sanctions" (UEFA 2015a) hat sich nicht geändert, auch wenn die zitierte Homepage seit 2015 nicht mehr aktualisiert wurde.

Zudem hat sich die früher formulierte These, dass mit dem FFP „(gewollt oder ungewollt) eher die derzeit großen Fußballklubs gefördert werden" (Hierl und Weiß 2015, S. 219) eher weiter verfestigt, denn als falsifizierbar erwiesen. In der aktuellsten Situationsdarstellung in Abschn. 2.1. wird erkennbar, dass die wenigen großen Klubs einen immer weiterwachsenden Anteil der Einnahmen, des Vermögens und des Kapitals auf sich vereinen. Und auch sportlich hat sich in den letzten Jahren zur Analyseerkenntnis, dass ab dem Viertelfinale der Champions League tendenziell die großen Klubs unter sich bleiben (vgl. Hierl und Weiß 2015, S. 219), kein Gegentrend herausgebildet. Im Gegenteil, es wurde die These bestärkt, dass „Je erfolgreicher ein Klub in der Champions League spielt, desto höher sind seine dadurch bedingten direkten und indirekten Einnahmen, die wiederum zur Finanzierung von teuren Spielerkäufen oder zur Bezahlung von hohen Spielergehältern verwendet werden können. Damit wiederum erhöhen sich die sportlichen Erfolgsaussichten in der Folgesaison und eine Erfolgsspirale beginnt zu wirken, die mit zunehmender Windung (Durchlaufzahl) von anderen Klubs immer schwieriger zu unterbinden ist" (Hierl und Weiß 2015, S. 219). Eine tabellarische Hierarchie droht damit manifestiert beziehungsweise die sportliche Ausgeglichenheit weiter reduziert zu werden. Bei einer geringeren Spannung bezüglich der Spielergebnisse droht die Attraktivität der Ligen für Zuschauer und Sponsoren gleichermaßen abzuklingen.

Aus diesen Erkenntnissen ergeben sich einige grundlegende Ansätze zur Reformierung. Nicht zuletzt die UEFA selbst möchte das FFP-Regelwerk wohl nicht in der gegenwärtigen Form fortführen. In den nachfolgenden Abschnitten werden mögliche Optionen dargestellt. Frei von Herausforderungen und (neuen) Problemen ist wohl kein Reformansatz.

5.2 Weitere Detaillierung des Financial Fairplay

Die UEFA hatte über ein Jahrzehnt Gelegenheit, das FFP-Regelwerk so zu formulieren, dass damit eine Rechtssicherheit hergestellt wird, die auch vor dem Sportgerichtshof (TAS beziehungsweise CAS) in Lausanne bestand hält sowie vermeintliche Maßlosigkeiten verhindert, wie beispielsweise in den Fällen von Paris Saint Germain (Abschn. 4.2.3) und Manchester City (Abschn. 4.2.2). Dies gelang nicht, eventuell sollte es das auch nicht.

Und ob beim FC Barcelona der direkte Zusammenhang zwischen dem gemäß Medienberichten (vgl. FAZ 2021) eventuell besorgniserregend hohen Ausmaß an Schulden und dem sehr hohen Gehalt von Lionel Messi durch eine noch stärkere Detaillierung der FFP-Regularien verhindert hätte werden können, bleibt ebenso fraglich.

Hintergrundinformation

Im aktuellsten, derzeit verfügbaren Jahresabschluss für das am 30.06.2020 endende Geschäftsjahr 2019/2020 weist der FC Barcelona folgende Daten aus (vgl. FC Barcelona 2020):

- Total patrimonio neto (= Reinvermögen beziehungsweise Eigenkapital): 35,2 Mio. €
- Resultado Consolidado del Ejercicio (= aktuelles GuV-Ergebnis): −97,3 Mio. €
- Total pasivo no corriente (= langfristige Schulden): 468,5 Mio. €
- Total pasivo corriente (= kurzfristige Schulden): 970,3 Mio. €
- Efectivo y otros activos líquidos equivalentes (= kurzfristig verfügbare Zahlungsmittel): 162,2 Mio. €
- Inmovilizado intangible deportivo (= Bilanzierte Spielerwerte): 596,7 Mio. €
- Estadios y pabellones deportivos (= Bilanzwert Stadion und Betriebsstätten): 67,9 Mio. €

Folgende Prognose ergibt sich aus diesen Daten: Der FC Barcelona ist ohne neue Eigenkapitalgeber (dafür müsste aber wohl erst die Vereins-Rechtsform geändert werden) per 30.06.2021 bilanziell überschuldet. Die Zahlungsfähigkeit kann nur gewährleistet werden, wenn insbesondere die kurzfristigen Kreditgeber die ausstehenden Schulden nicht einfordern. Es ist davon auszugehen, dass Vermögenswerte als Sicherheit hinterlegt sind, d. h. Einzahlungen aus Verkäufen unmittelbar zur Schuldentilgung verwendet werden müssten und daher nur bedingt zur Entspannung der finanziellen Situation beitragen könnten. Vielleicht werden aber auch andere, neue Einnahmequellen erschlossen.

Die UEFA scheint ein Stück weit selbst zu resignieren beziehungsweise zu kapitulieren und hat einen Vorschlag zur Deregulierung erarbeitet (vgl. Hofmann 2021 sowie Abschn. 5.3).

5.3 Deregulierung oder Streichung des Financial Fairplay

Gerade bei kleineren Klubs sollte ein Investoren- und Mäzenatentum nicht prinzipiell als verwerflich deklariert werden. Für kleinere (weniger umsatzstarke) Klubs scheint ein nachhaltiges Bestehen im sportlichen Wettbewerb um gute und erfahrene Spieler (und damit zumindest die Aussicht auf eine Qualifikation für einen europäischen Wettbewerb) nur dann möglich, wenn negative Break-Even-Ergebnisse toleriert werden, sobald im Klubumfeld eine Finanzierung gewährleistet ist (vgl. Hierl und Weiß 2015, S. 220 f.). Weil größere Klubs eine Ungleichbehandlung monieren würden, wäre es handlungskonsequenter und zielführender, das FFP-Regelwerk in diesem Punkt (weiter) zu öffnen. Eine Abschaffung des FFP birgt die Gefahr eines ruinösen Wettbewerbs und sollte daher vermieden werden, wenngleich die öffentliche Meinung diese Forderung aufgrund der enttäuschenden Erfahrungen in den skizzierten Fällen Paris Saint Germain und Manchester City wohl durchaus unterstützen würde. Die UEFA scheint in der Tat eine Deregulierung zu planen und zwar in der Weise, dass „Investoren-finanzierte Gesamtkosten [.] unlimitiert [möglich wären]" (zitiert nach Hofmann 2021).

5.4 Deckelung von Spielergehältern („Salary Caps") und/oder Ablösesummen

Finanzkräftigere Fußballklubs können deutlich höhere Gehälter und Ablöse-summen bezahlen und dadurch einen Wettbewerbsvorteil gegenüber finanz-schwächeren Klubs generieren. Wie nicht zuletzt der Fall von Lionel Messi zeigt (vgl. FAZ 2021), könnte eine Begrenzung der maximal möglichen Höhe von Gehältern und/oder Ablösesummen aber auch die Spitzenklubs vor einem ruinösen Wettbewerb schützen. Obergrenzen können wahlweise pro Spieler (ergänzend dazu auch pro Spielerberater) oder für das gesamte Team festgelegt werden. Neben starren, absoluten **„Hard Caps"** wäre auch eine relative Bezug-nahme zu beispielsweise Umsatzerlösen möglich (**„Soft Caps"**), wobei diese

Option gegenüber den anderen Varianten zu einem geringeren Nachteilsausgleich von kleineren Klubs beitragen würde.

Alternativ zu starren, limitierenden Obergrenzen wäre es auch überlegenswert, dass Klubs bei einer Überschreitung eines festzulegenden Orientierungswertes (z. B. 100 Mio. € Ablösesumme) einen bestimmten zusätzlichen Anteil (z. B. 30 % des übersteigenden Betrages) in einen **Solidartopf** einzahlen müssen. Wenn im Klammerbeispiel ein Klub eine Ablöse für einen Spieler in Höhe von z. B. 120 Mio. € zahlen möchte, würde somit inklusive zusätzlichem Solidaranteil (= 20 Mio. € × 0,3 = 6 Mio. €) eine Gesamtauszahlung in Höhe von 126 Mio. € fällig werden. Diese vergleichbar zur sog. deutschen „Reichensteuer" gestaltete und wie eine **„Luxussteuer"** wirkende Lösung wäre für alle Beteiligten gut kalkulierbar, würde die Flexibilität zum klubeigenverantwortlichen Handeln erhalten und könnte dennoch ausgabendämmend wirken. Eine **Verbindung mit dem FFP-Regelwerk** wäre im Übrigen möglich. Einerseits wurde die Zulässigkeit von Gehaltsobergrenzen bereits bei der 1999 beschlossenen Einführung des europäischen Lizenzierungsverfahrens überlegt (vgl. Köppen 2018, S. 15). Andererseits ist in der Liste der Disziplinarmaßnahmen der Finanzkontrollkammer für Klubs in Art. 29 bereits heute eine „Beschränkung der Gesamt-Personalausgaben" (UEFA 2019) vorgesehen. Gegenüber früheren Bedenken insbesondere im Hinblick auf (vermeintliche) **europarechtliche** Regelungen bleibt abschließend festzuhalten, dass solche Regelungen sowohl auf Klubebene (Schalke und RB Leipzig haben wohl solche Modelle umgesetzt), als auch national (DFL), als auch auf europäischer Ebene (UEFA) **im Grundsatz möglich** sind, wie eine Ausarbeitung für den Deutschen Bundestag zeigt (vgl. Deutscher Bundestag 2020). Ein Blankotestat der juristischen Unbedenklichkeit ist ohne Kenntnis der konkreten Gestaltungsvariante verständlicherweise fachwissenschaftlich nicht möglich.

In gewisser Weise desillusionierend ist darauf hinzuweisen, dass auch solche Lösungen umgangen werden können. Sofern bei den handelnden UEFA-Personen nicht hinreichend Ehrgeiz vorhanden ist, entsprechende Lücken ex ante zu erkennen und im Rahmen des juristisch Möglichen zu schließen, droht die Schlussfolgerung aus Abschn. 5.2 und die entsprechenden Überlegungen sollten zur Vermeidung von späteren Enttäuschungen nicht weiter verfolgt werden. Wenn beispielsweise Spieler zur Umgehung einer Gehaltsobergrenze als Fußballprofi andere Tätigkeiten mit Entlohnung annehmen könnten (z. B. als Greenkeeper oder als Botschafter einer WM in Katar), dann müsste z. B. ein Nebentätigkeitsverbot geprüft werden. Wenn Klubs zur Umgehung andere Familienmitglieder des Spielers anstellen könnten, dann müsste geprüft werden, ob und wie dem entgegengewirkt werden kann. Und wenn zur Umgehung von Gehaltsobergrenzen Geld aus einem Klubumfeld in eine Firma eingebracht und auf einen Spieler übertragen werden könnte, dann müssten auch hier Lösungsmöglichkeiten gefunden werden, dies zu verhindern. Allein der Abschreckungshinweis, dass z. B. Lionel Messi wegen solchen Gestaltungen (wie bei Mourinho, Ronaldo & Co. ging es in seinem Fall um Steuerhinterziehung) zu einer Gefängnisstrafe von 21 Monaten verurteilt wurde (allerdings auf Bewährung) wird wohl nicht genügen (vgl. Buschmann und Wulzinger 2019).

5.5 Weiterentwicklung des bestehenden Solidarsystems

Zur **Aufrechterhaltung von Leistungsanreizen und Wachstumsimpulsen** sollte der Grundgedanke des finanziellen Fairplay der UEFA weiterhin keinesfalls sein, „to make all clubs equal in size and wealth" (UEFA 2015a). **Dennoch** könnte die **Umverteilung** der durch den Fußball generierten Mittel **solidarischer** erfolgen. Die UEFA hat 2019/2020 (in Klammer Vorjahresangaben 2018/2019) beispielsweise an Klubs, die nicht an UEFA-Wettbewerben teilnahmen, insgesamt 201 (235) Mio. Euro ausgeschüttet, die deutlich weniger Teilnehmer der UEFA Champions League haben 1.646 (1.969) Mio. Euro und damit mehr als das Achtfache dieses Betrages erhalten (vgl. UEFA 2021a, S. 8 f.). Neben einer reinen Anpassung von Verteilungsquoten wäre es im Grundsatz auch denkbar, dass die UEFA die mediale Verwertung, das Sponsoring für beispielsweise Trikotwerbung oder die Übertragung von Namensrechten an beispielsweise Fußballstadien zentral übernimmt und dann nach festzulegenden Schlüsseln transparent und fair auf alle Klubs aufteilt. Dies würde zwar beispielsweise einerseits den Nachteil von Bayern München gegenüber den englischen Klubs und den spanischen Top-Klubs in Bezug auf die geringeren Umsatzerlöswerte aus der nationalen Fernsehrechteverwertung beseitigen. Andererseits würde damit auch der diesbezügliche Vorteil gegenüber Vertretern anderer Ligen (und anderen Bundesligisten) nivelliert werden.

Die Versionen 2015 und 2018 der Grundsatzvereinbarung der UEFA mit der Europäischen Klubvereinigung (ECA) unterscheiden sich insbesondere beim Verteilungsschlüssel für die Einnahmen aus den Klubwettbewerben. Gemäß Anhang 1 (dieser Vereinbarung) erhalten die Teilnehmer der UEFA Champions League nun 74,8 % der Nettoeinnahmen anstelle von zuvor 70,6 %. Im Gegenzug muss sich die UEFA mit weniger Erfolgsanteil zufriedengeben (6,5 % anstelle von 8 %), andererseits stehen von den Bruttoeinnahmen nur noch 7 % anstelle von zuvor 8,5 % für eine solidarische Verteilung zur Verfügung (vgl. ECA 2015, 2019). Abzuwarten bleibt, ob die ECA aufgrund ihrer Unterstützung der UEFA bei der Abwehr der sog. Super League im April 2021 nun einen noch größeren Anteil an den Nettoerlösen für die UEFA Champions League-Teilnehmer zuerkannt bekommt. Solidarischer wäre das aus Sicht der anderen Klubs wohl kaum. Diese könnten bei dem erwarteten deutlichen Anstieg der Bruttoeinnahmen zwar absolut betrachtet mehr Geld erhalten (diese Argumentation wird von der UEFA gewählt werden), relativ gesehen würde der Abstand zu den Spitzenklubs dadurch allerdings noch weiter wachsen und die Wettbewerbsfähigkeit weiter sinken (dies wäre wohl die bedauerliche Wahrheit).

Fazit und Ausblick

6

Ein systemimmanentes Erfolgsgeheimnis des Fußballs ist eventuell seit jeher die Möglichkeit zur emotionsgeladenen Nachbereitung des Spielgeschehens in weiten Teilen der Bevölkerung, egal ob alt/jung, männlich/weiblich/divers, alleinstehend/verheiratet oder gläubig/nichtgläubig. Vor diesem Hintergrund scheint es fast so, als hätte die UEFA bei der Beurteilung beziehungsweise Nicht- oder Falschbeurteilung gerade bei den beiden, von den Medien mit höchster Aufmerksamkeit verfolgten Fallbeispielen Manchester City (Abschn. 4.2.2) und Paris Saint Germain (Abschn. 4.2.3) nicht nur nicht alles falsch gemacht, sondern geradezu mit weisem Handeln zur Aufrechterhaltung der Begeisterung für die schönste Nebensache der Welt beigetragen.

Vor geraumer Zeit wäre das bei dieser Aussage verwendete sprachliche Stilmittel der litotischen, hyperbolischen und durchaus sarkastisch gemeinten Formulierung wohl noch verkannt worden. Zwischenzeitlich überwiegt eher die Erkenntnis, dass sich nicht nur das UEFA Financial Fairplay, sondern mit ihm der gesamte Profifußball an einem Scheideweg der Entwicklung befindet. Sowohl die UEFA, als auch deren nachgelagerte Mitgliederverbände müssen nun insbesondere kulturelle, sportliche und kommerzielle Argumente abwägen und den weiteren Zielpfad vorgeben, den sie gehen möchten. Point-of-no-Return-Überlegungen sind gegebenenfalls zu berücksichtigen. Es ist davon auszugehen, dass je nach Richtungswahl die Anzahl und die Zusammensetzung der Fans divergiert, die diesen Weg begleiten. Nicht erst durch eine pandemiebedingte Abstinenz haben Viele gelernt, dass es auch ein Leben ohne Fußball gibt. Aus Sicht der Fußballklubs kann eine Sedimentierung im Sinne von weniger, aber dafür zahlungskräftigeren und vor allem keine Kritik vorbringenden Fans auch vorteilhaft sein. Nur kann bei einer zunehmenden Monokulturisierung die Stimmung im Stadion auch dann noch immer geisterspielartig sein, wenn das Stadion eigentlich längst wieder gefüllt ist. Erst dann wird mancher Funktionär etwas vermissen.

L. Hierl und K. Köppen, *Financial Fairplay im Profifußball*, essentials,
https://doi.org/10.1007/978-3-658-35622-4_6

Was Sie aus diesem *essential* mitnehmen können

- Erkenntnisse zur Verteilung der Einnahmen, des Vermögens und des Kapitals zwischen den großen und den anderen Klubs.
- Reformüberlegungen, die auch finanzstarke Klubs vor einem ruinösen Wettbewerb schützen können.
- Hoffnung, dass eine solidarischere Ausgestaltung „for the Good of the Game" gelingt.

© Springer Fachmedien Wiesbaden GmbH, ein Teil von Springer Nature 2021
L. Hierl und K. Köppen, *Financial Fairplay im Profifußball*, essentials,
https://doi.org/10.1007/978-3-658-35622-4

Literatur

Akerlof G (1976) The economics of caste and of the rat race and other woeful tales. Q J Econ 90(4):599

Alchian AA, Demsetz H (1972) Production, information costs – and economic organization. Am Econ Rev 5:777–795

Andreff W (2007) French football – a financial crisis rooted in weak governance. J Sports Econ 6:652–661

Buschmann R, Winterbach C (2019) Exklusive Dokumente – In diesen E-Mails plant Manchester City den Regelbruch. Beitrag vom 02.03.2019. https://www.spiegel.de/sport/fussball/football-leaks-in-diesen-e-mails-plant-manchester-city-den-regelbruch-a-1255943.html. Zugegriffen: 01. Mai 2021

Buschmann R, Wulzinger M (2019) Football Leaks – Der englische Strohmann. Meldung vom 19.09.2019. https://www.spiegel.de/sport/fussball/fc-barcelona-zahlte-jahrelang-an-briefkastenfirma-von-lionel-messi-a-1287597.html. Zugegriffen: 01. Mai 2021

CAS (2019a) Media release – The Court of Arbitration for Sport (CAS) upholds the appeal filed by Paris Saint-Germain. Meldung vom 19.03.2019. https://www.tas-cas.org/fileadmin/user_upload/CAS_Media_Release_5937_decision.pdf. Zugegriffen: 01. Mai 2021

CAS (2019b) Consent Award CAS 2019/A/6083 und CAS 2019/A/6261. Schiedsspruch vom 28.06.2021. https://www.tas-cas.org/fileadmin/user_upload/CAS_Consent_Award_6083_6261.pdf. Zugegriffen: 01. Mai 2021

CAS (2020) Arbitral Award CAS 2020/A/6785. Urteil vom 13.07.2020. https://www.tas-cas.org/fileadmin/user_upload/CAS_Award_6785___internet__.pdf. Zugegriffen: 01. Mai 2021

Club Financial Control Body (2017) Decision in case AC-01/2017. Urteil vom 16.06.2017. https://editorial.uefa.com/resources/0258-0e2dece33fb8-5cc21edafedf-1000/rb_leipzig_fc_salzburg_-_cfcb_adjudicatory_chamber_decision_-_june_2017.pdf. Zugegriffen: 01. Mai 2021

Deutscher Bundestag (2020) Möglichkeit von Gehaltsobergrenzen im Fußball für Spieler und Berater sowie der Deckelung von Ablösesummen. Ausarbeitung WD10-3000-031/20 des wissenschaftlichen Dienstes. https://www.bundestag.de/resource/blob/707918/dd648d95bc3f3a0f092e289243ad3ae7/WD-10-031-20-pdf-data.pdf. Zugegriffen: 01. Mai 2021

© Springer Fachmedien Wiesbaden GmbH, ein Teil von Springer Nature 2021   51
L. Hierl und K. Köppen, *Financial Fairplay im Profifußball*, essentials,
https://doi.org/10.1007/978-3-658-35622-4

DFL (2021) DFL Wirtschaftsreport – Alle Wirtschaftsreports und die jeweilige Mitteilung seit 2006 als PDF zum Download. https://www.dfl.de/de/ueber-uns/publikationen/dfl-report-archiv/. Zugegriffen: 01. Mai 2021

Dietl H, Franck E, Roy P (2003) Überinvestitionsprobleme in einer Sportliga. Betriebswirtschaftliche Forschung und Praxis 55(5):528–540

ECA (2015) Grundsatzvereinbarung zwischen der […] UEFA und der […] ECA. https://editorial.uefa.com/resources/025d-0f842a5a4c44-b4517d98604d-1000/grundsatzvereinbarung_uefa_eca_-_2015.pdf. Zugegriffen: 01. Mai 2021

ECA (2019) Memorandum of understanding between […] UEFA and […] ECA. https://www.uefa.com/MultimediaFiles/Download/uefaorg/General/02/59/04/66/2590466_DOWNLOAD.pdf. Zugegriffen: 01. Mai 2021

Fahrner M (2012) Grundlagen des Sportmanagements. Oldenbourg, München

FAZ (2021) Gehaltszahlungen veröffentlicht – „Das ist Messis kolossaler Vertrag, der Barcelona ruiniert". Bericht vom 03.02.2021. https://www.faz.net/aktuell/sport/fussball/gehalt-veroeffentlicht-so-viel-verdient-messi-beim-fc-barcelona-17174430.html. Zugegriffen: 01. Mai 2021

FC Barcelona (2020) Memoria 2019–2020. https://www.fcbarcelona.es/es/club/organizacion-y-plan-estrategico/comisiones-y-organos/reportes-anuales. Zugegriffen: 01. Mai 2021

FIFA (2019) FIFA-Statuten – Ausgabe 2019. https://resources.fifa.com/image/upload/fifa-statutes-5-august-2019-en.pdf?cloudid=upjo9uvafywdznh4wu73. Zugegriffen: 01. Mai 2021

Franck E (1995) Die ökonomischen Institutionen der Teamsportindustrie – Eine Organisationsbetrachtung. Deutscher Universitätsverlag, Wiesbaden

Franck E (2014) Financial fair play in European club football – what is it all about? Int J Sport Finance 3:193–217

Franck E, Lang M (2014) A theoretical analysis of the influence of money injections on risk taking in football clubs. Scott J Political Econ 61(4):430–454

Galli A, Benz M, Traverso A (2012) Die Regelungen der UEFA zur Klublizenzierung und zum Klub-Monitoring – Verfahren, finanzielle Kriterien und Finanzberichterstattung. In: Galli A, Elter V-C, Gömmel R, Holzhäuser W, Straub W (Hrsg) Sportmanagement, 2. Aufl. Vahlen, München, S 185–199

Hierl L, Weiß R (2015) Bilanzanalyse von Fußballvereinen, 2. Aufl. Springer Gabler, Wiesbaden

Hofmann B (2021) Welche Reformen plant die UEFA? – Financial Fairplay und der „Erstvorschlag Deregulierung". Beitrag vom 28.03.2021. https://www.kicker.de/financial-fairplay-und-der-erstvorschlag-deregulierung-800873/artikel. Zugegriffen: 01. Mai 2021

Jäck S, Meffert T (2012) Rechnungslegung im Sport. In: Nufer G, Barth M (Hrsg) Management im Sport – Betriebswirtschaftliche Grundlagen und Anwendungen der modernen Sportökonomie. Schmidt, Berlin, S 311–340

Köppen K (2018) Einführung des Financial Fairplay der UEFA – Auswirkung auf Rechnungslegungsvorschriften und die wirtschaftliche Leistungsfähigkeit der Klubs im europäischen Lizenzfußball. In: Hierl L, Fauser S, Serfas S (Hrsg) BWL-Hochschulschriften, Bd 4. Tredition, Hamburg

Kornai J (1980) "Hard" and "soft" budget constraint. Acta Oecon 25(3/4):231–245

Kornai J (2014) The soft budget constraint – an introductory study to volume IV of the life's work series. Acta Oecon 64:25–79

Kroemer U (2017a) RB Leipzig ringt um Königsklasse – Legt die Uefa Red Bull an die Kette? Beitrag vom 09.05.2017. https://www.n-tv.de/sport/fussball/Legt-die-Uefa-Red-Bull-an-die-Kette-article19830226.html. Zugegriffen: 01. Mai 2021

Kroemer U (2017b) „Szenario wäre der Super-Gau" – Red Bull vs. Red Bull in der Königsklasse. Beitrag vom 22.06.2017. https://www.n-tv.de/sport/fussball/Red-Bull-vs-Red-Bull-in-der-Koenigsklasse-article19901780.html. Zugegriffen: 01. Mai 2021

Küting KH, Strauß M (2011) Financial Fair Play im Profifußball – Die wirtschaftliche Situation und das neue Lizenzierungsverfahren im deutschen und europäischen Klubfußball. Der Betrieb 2:65–75

Müller JC (2005) Kostenkontrolle und Wettbewerbssicherung durch Lizenzierungsverfahren – Dargestellt am Reglement für die Fußball-Bundesliga. In: Büch M-P, Schellhaaß HM (Hrsg) Ökonomik von Sportligen. Hofmann, Schorndorf, S 53–75

Müller JC, Lammert J, Hovemann G (2012) The financial fair play regulations of UEFA – an adequate concept to ensure the long-term viability and sustainability of European club football? Int J Sport Finance 2:117–140

NDR (2018) PSG, Financial Fairplay und Infantinos Einsatz – Beitrag vom 02.11.2018. https://recherche.sportschau.de/footballleaks/allemeldungen/PSG-Financial-Fairplay-und-Infantinos-Einsatz,psg102.html. Zugegriffen: 01. Mai 2021

o. V. (2020) „Völlig übliche Transaktion" – Red Bull erlässt RB 100 Millionen Euro. Beitrag vom 06.06.2020. https://www.n-tv.de/sport/fussball/Red-Bull-erlaesst-RB-100-Millionen-Euro-article21829418.html. Zugegriffen: 01. Mai 2021

Schellhaaß HM (2006) Die Lizenzierung von Profivereinen aus ökonomischer Sicht. In: Vieweg K (Hrsg) Lizenzerteilung und -versagung im Sport. Boorberg, Stuttgart, S 25–40

Schimank U (1995) Die Autonomie des Sports in der modernen Gesellschaft – Eine differenzierungstheoretische Problemperspektive. In: Winkler J, Weis K (Hrsg) Soziologie des Sports. Westdeutscher, Opladen, S 59–71

Spiegel (2018) Financial Fairplay – „PSG und ManCity haben sich Geschichte gekauft". Bericht vom 06.11.2018. https://www.spiegel.de/sport/fussball/financial-fairplay-psg-und-mancity-haben-sich-geschichte-gekauft-a-1237065.html. Zugegriffen: 01. Mai 2021

Sport1 (2021) UEFA-Hammer! Volle Stadien erlaubt. Meldung vom 31.03.2021. https://www.sport1.de/fussball/2021/03/uefa-kippt-zuschauerobergrenze-von-30-prozent. Zugegriffen: 01. Mai 2021

Stichweh R (1990) Ausdifferenzierung – Funktion – Code. Sportwissenschaft 20:373–389

Storm RK, Nielsen K (2012) Soft budget constraints in professional football. Eur Sport Manag Q 2:183–201

Szymanski S (2014) Fair is foul – a critical analysis of UEFA financial fair play. Int J Sport Finance 9(3):218–229

Tagesschau (2020) ARD-DeutschlandTrend – Mehrheit gegen Lockerungen und Ligastart. Meldungsstand 14.05.2020. https://www.tagesschau.de/inland/deutschlandtrend/deutschlandtrend-2219.html. Zugegriffen: 01. Mai 2021

UEFA (2005) UEFA-Klublizenzierungsverfahren – Handbuch Version 2.0. https://de.uefa.com/newsfiles/409440.pdf. Zugegriffen: 01. Mai 2021

UEFA (2010a) Die europäische Klubfußballlandschaft – Benchmarking-Bericht zur Klublizenzierung für das Finanzjahr 2009. https://www.uefa.com/MultimediaFiles/Download/Tech/uefaorg/General/01/58/53/50/1585350_DOWNLOAD.pdf. Zugegriffen: 01. Mai 2021

UEFA (2010b) UEFA-Reglement zur Klublizenzierung und zum finanziellen Fairplay – Ausgabe 2010. https://de.uefa.com/MultimediaFiles/Download/uefaorg/Clublicensing/01/50/09/24/1500924_DOWNLOAD.pdf. Zugegriffen: 01. Mai 2021

UEFA (2012) UEFA-Reglement zur Klublizenzierung und zum finanziellen Fairplay – Ausgabe 2012. https://de.uefa.com/MultimediaFiles/Download/Tech/uefaorg/General/01/80/54/12/1805412_DOWNLOAD.pdf. Zugegriffen: 01. Mai 2021

UEFA (2015a) Financial fair play – all you need to know (zuletzt aktualisiert am 30.06.2015). http://www.uefa.com/community/news/newsid=2064391.html. Zugegriffen: 01. Mai 2021

UEFA (2015b) UEFA-Reglement zur Klublizenzierung und zum finanziellen Fairplay – Ausgabe 2015. https://de.uefa.com/MultimediaFiles/Download/Tech/uefaorg/General/02/26/28/66/2262866_DOWNLOAD.pdf. Zugegriffen: 01. Mai 2021

UEFA (2016) Die europäische Klubfußballlandschaft – Benchmarking-Bericht zur Klublizenzierung für das Finanzjahr 2015. https://de.uefa.com/insideuefa/protecting-the-game/club-licensing/. Zugegriffen: 01. Mai 2021

UEFA (2018) UEFA-Reglement zur Klublizenzierung und zum finanziellen Fairplay – Ausgabe 2018. https://de.uefa.com/MultimediaFiles/Download/Tech/uefaorg/General/02/56/20/17/2562017_DOWNLOAD.pdf. Zugegriffen: 01. Mai 2021

UEFA (2019) Verfahrensregeln für die UEFA-Finanzkontrollkammer für Klubs – Ausgabe 2019. https://www.uefa.com/MultimediaFiles/Download/uefaorg/Clublicensing/02/60/83/61/2608361_DOWNLOAD.pdf. Zugegriffen: 01. Mai 2021

UEFA (2020a) Temporäre dringende Maßnahmen zum finanziellen Fairplay. Meldung vom 18.06.2020. https://de.uefa.com/insideuefa/about-uefa/news/025e-0fb6118c78ef-c5c242b8bf90-1000--temporare-dringende-massnahmen-zum-finanziellen-fairplay/. Zugegriffen: 01. Mai 2021

UEFA (2020b) Neuer Bericht zur Umsetzung des UEFA-Klublizenzierungsverfahrens. Meldung vom 06.07.2020. https://de.uefa.com/insideuefa/protecting-the-game/news/025e-0fc4a72bde44-6264e49ed2a7-1000--neuer-bericht-zur-umsetzung-des-uefa-klublizenzierungsverfahren/. Zugegriffen: 01. Mai 2021

UEFA (2020c) Stellungnahme der UEFA zur Entscheidung des Schiedsgerichts des Sports (TAS) im Fall Manchester City. Meldung vom 13.07.2020. https://de.uefa.com/insideuefa/mediaservices/mediareleases/news/025f-0fe0681e3388-b5035449a828-1000--stellungnahme-der-uefa-zur-entscheidung-im-fall-manchester-city/. Zugegriffen: 01. Mai 2021

UEFA (2021a) Finanzberichte. https://de.uefa.com/insideuefa/documentlibrary/about-uefa/financialreports/. Zugegriffen: 01. Mai 2021

UEFA (2021b) Club financial control body. https://www.uefa.com/insideuefa/protecting-the-game/club-financial-controlling-body/. Zugegriffen: 01. Mai 2021

UEFA (2021c) UEFA-Statuten – Ausgabe 2021. https://de.uefa.com/insideuefa/documentlibrary/about-uefa/. Zugegriffen: 01. Mai 2021

UEFA (2021d) Die europäische Klubfußballlandschaft – Benchmarking-Bericht zur Klub-lizenzierung für das Finanzjahr 2018. https://de.uefa.com/insideuefa/protecting-the-game/club-licensing/. Zugegriffen: 01. Mai 2021

Vöpel H (2011) Do we really need financial fair play in European club football? – an economic analysis. CESifo DICE Report – J Institutional Comparisons 3:54–59

WDR (2021) Die Totengräber des Fairplays – Fußball zwischen Gier und Geisterspielen. Sport inside vom 25.04.2021. https://www1.wdr.de/fernsehen/sport-inside/video-die-totengraeber-des-fairplays---fussball-zwischen-gier-und-geisterspielen-102.html. Zugegriffen: 01. Mai 2021

Weber C (2012) Rechnungslegung und Lizenzierung im deutschen Profifußball. Eul, Lohmar

ZGB (2021) Schweizerisches Zivilgesetzbuch vom 10.12.1907. Stand 01.01.2021. https://www.fedlex.admin.ch/eli/cc/24/233_245_233/de. Zugegriffen: 01. Mai 2021

Printed in the United States
by Baker & Taylor Publisher Services